宁波文化丛书

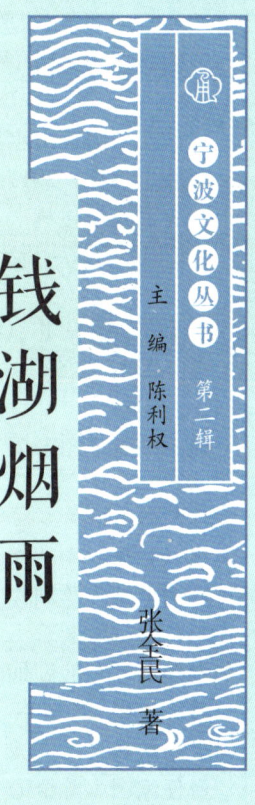

钱湖烟雨

山水城市的栖居理想

宁波文化丛书 第二辑

主编 陈利权

张全民 著

宁波出版社

图书在版编目（CIP）数据

钱湖烟雨：山水城市的栖居理想 / 张全民著 . —宁波：
宁波出版社，2017.10（2018.11 重印）
（宁波文化丛书 . 第 2 辑）
ISBN 978-7-5526-3082-4

Ⅰ . ①钱… Ⅱ . ①张… Ⅲ . ①文化史—宁波
Ⅳ . ① K295.53

中国版本图书馆 CIP 数据核字（2017）第 257481 号

丛 书 名	宁波文化丛书·第二辑
丛书主编	陈利权
本册书名	钱湖烟雨：山水城市的栖居理想
著　　者	张全民
本册统筹	吴　波
责任编辑	陈金霞
责任校对	俞静娴　王　丹
装帧设计	金字斋
出版发行	宁波出版社
地　　址	宁波市甬江大道 1 号宁波书城 8 号楼 6 楼
邮　　编	315040
网　　址	http://www.nbcbs.com
电　　话	0574-87264975（编辑部）
印　　刷	宁波白云印刷有限公司
开　　本	710 毫米 ×1000 毫米　1/16
印　　张	11.25
字　　数	160 千
版　　次	2017 年 10 月第 1 版
印　　次	2018 年 11 月第 2 次印刷
标准书号	ISBN 978-7-5526-3082-4
定　　价	29.00 元

（版权所有　翻印必究）

图书若有倒装缺页影响阅读，请与出版社联系调换。电话：0574-87248279

本书系宁波市文化研究工程项目

总序

唤醒宁波的文化之魂

◎ 何 伟

（一）

中国的古城实在不少，若论我国沿海最早的文化古城，只要稍稍具备历史地理的眼光，都会聚焦宁波——中国大陆海岸线的中点。

这座从远古走来的名城，河姆古渡的骨哨一吹就是七千年，展开了一幅幅风云际会的历史长卷。翻开谭其骧先生主编的《简明中国历史地图集》，不难发现宁波在我国沿海各大城市中的"早熟"：当宁波沐浴河姆渡的文明曙光时，我国海岸线上的先民基本还处于文明的空白处；当宁波先秦时期设县建制，广州还是邻近番禺的宁静村庄；当宁波唐代建州（相当于今天的地级市），已是"海外杂国，贾舶交至"的繁华城市，此时的上海还只是一个海滨渔村；宋代的宁波已是我国闻名国际的四大港口城市之一，天津还是名不见经传的一片滩涂；及至近代宁波作为"五口通商"被迫开埠，青岛、大连等城镇化才刚刚起步，更不必说改革开放后才崛起的深圳了。

如此"炫耀"的类比，无意仰己抑人。只想说明，以商城闻名的宁波，其实是隐身的文化重镇。其文化价值和地位，显然是被低估了。仅以中华文明源头之一的河姆渡为例：其制陶、稻谷和干栏式建筑的发现，修正了我国学术界总把黄河流域作为中华民族的唯一摇篮的定论，确认了长江流域是中华民族另一个发源地。其出土的代表海上活动的六支桨，印证了宁波先民是我国"海上丝绸之路"的先驱，为我国台湾和太平洋岛屿的文化作出历史性的贡献。澳大利亚悉尼市迪米蒙地电影制片公司在20世纪80年代拍摄了一部记录太平洋沿岸历史的影片，其序幕就是从河姆渡开篇的。

宁波文化矿藏的丰富性和不凡品质，还在于这里是海上丝绸之路的起源地之一，中国大运河的出海口之一，沿海城市中建城的起源地之一，金融史上我国钱庄的发源地之一，海运史上造船和航海的发源地之一……总之，宁波文化是整个中国文化经络中一个很关键的穴位。宁波的历史区域文化，犹如一座丰盈的藏书楼，在文化复兴的聚光灯下，亟须整理与传播。

宁波历史文化何其久也，宁波地域文化何其丰也，先贤前辈们已经为宁波开辟出了一块文化沃土。每念及此，作为祖籍宁波、生活于宁波的我，不禁对家乡深厚的文化遗产肃然起敬。可是，在今天追赶现代化国际港口城市的目标时，有多少宁波人还记得曾经的灿烂？又有多少人了解宁波往昔的辉煌？

（二）

区域文化研究的兴盛和传承，是近年来国内学界的独特景观，既得益于文化的复兴，又受到区域发展竞争的推动。齐鲁文化，燕赵文化，三晋文化，巴蜀文化，吴越文化，荆楚文化，岭南文化，等等，不一而足。这股热潮也波及作为吴越文化分支之一的宁波文化。

某种文明的价值观、思维方式和风俗习惯等，根本上是由地缘自然条件所决定的。文明所处的地缘环境与精神性格之间有着必然的因果关系。法国历史学家布罗代尔认为，影响一个文明的精神气质最根本的因素，是地理条件和自然环境，换成老百姓的说法,就是"一方水土养一方人"。

宁波地处东海之滨,三面环山,潮汐出没的宁绍平原居中,多类型地貌孕育出姚江、奉化江、甬江流贯其中,江河湖海点缀其间,构成了宁波"经原纬隰,枕山臂江"的地理特征。"南通闽广,东接倭人,北距高丽,商舶往来,物货丰溢。"(宝庆《四明志》)"自宋以来,礼俗日盛,家诗户书,科第相继,间占首选,衣冠人物甲于东南。"(成化《宁波府志》)

文化早熟的宁波好比一个内敛聪慧的智者,有外貌形象,有性格气质,也有个性脾气。发源于四明,耸立于三江,兼得中西交汇之利,倚其7000年的文明发展,塑造了一整套属于自己的优秀文化符号、习俗和精神,说得洪亮一点,叫作"宁波文明"。

每一个城市都有自己的来龙去脉,每一座城市都有独特的文化符号。宁波的文化特质,如果要用极精简的字词来表达,就是"江海"和"商贾"。水路交通和商帮文化是阅读宁波风云际会悠长岁月的两个关键词。伸展开来,从类型看,有海洋文化、农耕文化、港口文化、海防文化;从特质看,有商帮文化、耕读文化、工匠文化、饮食文化;从思想看,有浙东文化、佛教文化;从文人看,名儒硕彦,人文荟萃,有南宋的心学先贤"甬上四先生",有先生之风山高水长的严子陵、知行合一的心学大师王阳明、开启日本明治维新的导师朱舜水、工商皆本的民本思想家黄宗羲……正可谓千年古城,百年风云,几度沉浮,气血不衰,乃文化之力也。

(三)

一座城市的持久吸引力,不在林立高楼,而在文化气质。让城市站立不衰的,是文化"软实力"。表面上看,决定城市差异的是经济,骨子里是文化。今观神州,仰赖房地产狂奔的造城运动,流水线般建造的排排高楼大厦取代古城旧貌,割断了多少城市的历史脉络，推平了多少地域审美特征，埋葬了多少丰厚的历史记忆，已经无法计算。宁波籍文化大家冯骥才先生认为，我们中国历史悠久，民族众多，地域多样，每个城市都有独特和鲜明的城市形象。可惜，现在我们660个风情各异的城市形象基本都消失了，即使有，也支离破碎，残缺不全，很难再呈现出一个整体的城市形象。眼下，追名逐利遗失了文化，随波逐流遗忘了故乡，身在故乡而不知故乡何在。

物欲越是膨胀，文化越是珍贵。宁波人之所以成为宁波人，并不是因为出生在宁波，而是身上承载着宁波的文化符号和基因。这些由宁波的风俗、语言和信仰因素组成的"宁波腔调"，以及地缘、血缘关系组成的坐标系，会让人们知道自己是谁、从哪里来。不论你身处世界何地，只要据此便可找到家乡，认祖归宗。如果遗失了宁波文化，即使站在这片土地上，也很难再是宁波人。令人忧心的是，在现代化城市化的急切步伐下，本土历史文化面临诸多存亡考验。公路毁了，可以修复；房屋塌了，可以重建；文化遗产一旦"消失"，如同绝迹的物种，没了，就永远没了。现代人精神家园的迷失和情感归属的危机，成为一种流行国际的精神疾病，正是文化除根后流离失所的后遗症。

今天的宁波缺什么？不少人感叹缺文化，我看来，表述不很准确。宁波并不缺少文化，缺的恐怕是对丰厚文化的记忆和传承。"文之无书，行之不远"，作为文化工作者，作为宁波人，我们深恐随着时间的推移，宝贵的精神财富因文字的阙如而流失，随着记忆的衰退而归零。把文化摆在什么位置，不仅仅取决于政府，更取决于每一个厕身其间的市民的态度。文化是城市之魂，是我们这座城市安身立命的基座。唤醒城市记忆的味道和画面，保护并标出宁波的文化风景线，绘制文化地图延续文脉，亟须一套权威、全面、通俗的文化读物。本丛书的出版和传播，即是努力之一。

（四）

本丛书的编纂，虽非规模浩大的文化工程，却颇费周折，几起几落，幸得宁波文化事业基金委员会慧眼识珠，忝列扶持项目，又得宁波市委副书记余红艺及市委宣传部等部门的鼎力支持，宁波出版社调集精干，组织本地学界文化精英，殚精竭虑，撰写这套丛书。

自2012年始，编纂委员会成立并确定了丛书的编纂大纲，专家们从宁波地理文化和历史文化的坐标中，尽可能筛选出具有鲜明特色和传承价值的内容作为首批选题。第一辑八种，选题侧重反映对宁波发展最具影响力、最具代表性的八个方面地方特色文化。计划此后逐年推出各类文化系列，集腋成裘，奉献出宁波文化的"满汉全席"。

丛书着力点不在学术钻研和考证，而在文化的普及和传播，定位在文化"小吃"，充其量是宁波文化史的通俗版、系列专题篇，绝非贯通一气的皇皇巨著。丛书力求编排图文并茂，文字通俗易懂，集知识性与文学性、学术性与普及性于一体，雅俗共赏，老少皆宜，为大众提供一张文化寻根的导游图，以及一杯安顿旅者心境的下午茶。于闹市中拾取一份宁静，于纷繁中理出一片安详，于浮尘中闻到一缕书香，于物欲中寻得精神的家园。

（本文作者为宁波日报报业集团原党委书记、董事长）

目　录

总　序　唤醒宁波的文化之魂　001

〔一〕绪言　东钱湖：山水城市的栖居理想　001

〔二〕水之为利　015

一　重农莫如治水　016

二　位卑未敢忘忧湖　023

三　千年古堰　028

四　从湖泊走向海洋　035

五　文明的碎片　041

〔三〕枕湖而居　047

一　下水村与史氏家族　048

二　高钱村与钱氏家族　054

三　殷湾村与郑氏家族　061

四　陶公村与忻氏家族　071

五　韩岭村与金氏家族　079

钱湖烟雨

【四】山水之约

一　寂寞隐学山　089
二　二灵山的黄昏　090
三　茂屿山的诗情　098
四　钱湖月夜　104
五　湖上秋来似画图　110

【五】尘世信仰

一　耕读传家久，诗书济世长　115
二　湖山传说　121
三　石马秋风两翁仲　122
四　寺外青山山外水　127
五　迎神烟火赛年丰　133

【后记】遇见，东钱湖　150

参考文献　161

163

【二】

绪言

东钱湖：山水城市的栖居理想

钱湖烟雨

山水城市的栖居理想

　　年夏天,有长长的一段时光,住在湖畔的一座老房子里,静静地翻阅民国初年的地方文献《东钱湖志》。其中有不少文化史实和美丽诗歌,重新唤起我对于故乡这座湖的文化底蕴和诗性精神的迷恋和向往。

　　在这里,我只是想沿着先人且行且歌的足迹,一路寻访、沉思和记述,试图来表达我们对于一座湖的古老历史以及与湖相关的一个个高尚灵魂迟到的理解和敬意,来表达我们对于一座湖的丰厚底蕴和山水风光之于现代城市诗意栖居意义的审美领悟。

一

　　东钱湖是一座海迹潟湖,是古老历史留给我们的绝美礼物。在这里,我们依然能够看到远去的大海的影子,看到无涯时光逝去之后的那种会让人情不自禁惆怅和喟叹的苍茫。

　　东钱湖古称"西湖",因其在秦鄞县县治(现宝幢阿育王寺附近)之西,晋陆云在《答车茂安书》中曾说"(鄞县)东临巨海","西有大湖",可为佐证。

烟波浩渺东钱湖

后因鄞县县治于公元909年迁至三江口,湖便又在县治之东了,且古籍云其汇钱埭之水而成,故后世改名"东钱湖"。

东钱湖俗亦称"万金湖",全祖望在《万金湖铭》中说道:"甬东七十二溪之水会于横溪,而以其泄入江流也,潴之为湖,其名曰万金湖,亦曰钱湖,言其利之重也。"

漫长的时光如潮水般从杳渺的时空中慢慢退却,东钱湖无边的波浪却又从天际线上慢慢地涌了过来。

此刻,站在湖畔,遥望湖的漫无际涯,静听湖的浪涛拍岸,会有一种深沉而又宽广的历史感一如黄昏大地上的暮色席卷而来。

湖是永恒自然对于无涯时光的礼赞。

二

"四明水利,江海而外,莫大于东钱湖。"

民国《东钱湖志》序言的开篇一句,道出了东钱湖之于我们世世代生活的重要意义。无数年来，东钱湖以它宽广的胸怀一直滋养着湖畔的大地，滋养着大地上的村庄和城市。

西汉史学家司马迁的《史记·河渠书》是中国第一部水利通史，司马迁在叙述了从禹治水开始延续到汉元封二年（前109）黄河瓠子堵口及其以后各地区倡兴水利、开渠引灌等史实后，感叹道："甚哉，水之为利害也！"他从中指出："自是之后，用事者争言水利。"

东钱湖的一部治湖史就见证了先贤们兴修水利、疏浚湖泊的历史功德。例如，唐天宝三年（744），鄮县令陆南金在东钱湖筑八塘四堰。宋代天禧元年（1017）到治平元年（1064），地方官员李夷庚、王安石、吕献之等先后重修湖塘，立界治湖，置四碶，修六堤。又如，南宋乾道五年（1169）至淳祐二年（1242），守臣张津、尚书胡榘、知府陈恺等又先后五次浚湖除葑。清道光年间（1821—1850），道台麟桂、郡守杨钜源、署守徐敬、里人钱启皑，从官员到乡绅，纷纷慷慨捐资，使得东钱湖的七塘、三堰、二阙得以重修。

然而，自元代大德年间（1297—1307）以来，直至近现代，保湖废湖一直是有关东钱湖的历史之争。全祖望《万金湖铭》记述道："大德间，势家有以湖为浅淀，请以捺田若干入官租者，营田都水分司拒之，复清为湖。"元大德年间（1297—1307），一些逐利的豪势之家常以东钱湖淤积严重为名乘机提出废湖为田，并以缴纳官租来利诱，幸亏当时的水利机构"营田都水分司"的官员深明大义，拒绝了这种非分的请求。

保湖废湖之争，以明末清初最为激烈。比如，当时鲁王监国总兵王之仁，以兵饷不足为名，欲废湖屯垦，所幸知县袁州佐申诉阻止，户部主事董守谕以死争之，废湖一事才没得逞。

在鄞县西乡，原本也有一座广袤的湖泊名叫广德湖，正是因为历史上个别官员的急功近利和短视以及地方豪强劣绅的霸占垦田而湮没无闻。

清人闻性道说："是湖非独擅山水之胜揽，实为灌溉之弘泽。自郡西广德湖废后，东钱一片波，犹作灵光耳。"

湖水如镜，在映射人性光辉的同时，亦照见人性的贪婪和目光的短浅。

春风不改旧时波

湖上落日

三

最初懂得湖的美丽,是在明朝张岱写西湖的文字里。

依然记得他用脱俗的文字把湖的意境描摹得如此传神。他的《陶庵梦忆》中有篇《西湖七月半》,写道:"月色苍凉,东方将白,客方散去。吾辈纵舟,酣睡于十里荷花之中,香气拍人,清梦甚惬。"喧嚣过后,纵舟湖上,酣睡于十里荷花之中,那暗香,那清梦,让一个人的灵魂与湖交融在了一起。另一篇《湖心亭看雪》中写道:"雾凇沆砀,天与云、与山、与水,上下一白。湖上影子,惟长堤一痕、湖心亭一点与余舟一芥、舟中人两三粒而已。"文中描绘的场景,既是画境,又是诗境,更是充满禅意的化境。

很少有人能像张岱那样,用全部的身心去感受一座湖的美丽。张岱在《西湖梦寻》中孤独地感叹道:"世间措大,何得易言游湖?"他给后世的我们上了一堂关于湖泊审美的启蒙课。

读到全祖望先生的《湖语》,那已经是很多年以后的事了。在先生写宁波月湖的这篇长文里,突然读到那句"湖水之静深,足以洗道心;湖水之澄洁,足以励清节;湖水之霏微,足以悟天机",便仿佛在刹那间领悟了一座湖的全部哲学。

除了自身不同的地理特征外,几乎所有的湖都具有这样普遍的审美意蕴和哲学启示。那么多年来,那些懂得湖光山色之意趣的文人墨客,无论是得意还是失意,无论是入世还是出世,都曾来到烟波浩渺的东钱湖,与一座湖的四季景色倾心相看。他们或打马、乘舟而过,或在湖畔隐居终老,也都为东钱湖留下了许多他们内心真实的歌咏和思想。那些隽永的诗文,终又成为我们更深地理解一座湖和一个人灵魂关系的最佳文本。

四

在阅读文学史的时候,常常会不经意间遇见那些与湖有关的美丽概念,如"湖畔诗社""湖畔派",遇见它们,便会在心底激起关于湖的最美的怀想。

还会隔山隔海,想起两个人。

一个就是法国的卢梭,一个就是美国的梭罗。这两人一前一后,相隔百年,但都把湖读得透透彻彻。

卢梭因为思想的惊世骇俗而屡遭迫害和驱逐,疲惫的他是在逃亡的路上与美丽的比埃纳湖相遇的。他在比埃纳湖中的圣皮埃尔岛上尽管只呆了一个多月,又被迫离开,但是他却把这里当作一辈子可以栖居的地方。能与湖相看,他情愿终身囚禁在这里。

卢梭最惬意的事就是仰面躺在小船之中,任船随风在湖中飘荡,让自己的思绪无拘无束无边无际地飞。他说:"如果湖面平静,就一直划到湖心,仰面躺在船中,双眼仰望长空,随风飘荡,有时一连漂上几个小时,沉浸在没有明确固定目标的杂乱而甘美的遐想之中。"

卢梭最终在比埃纳湖美丽的湖光山色中悟得了人生的一种至境,他在《漫步遐想录》的第五章节里无比深情地写下了一段充满东方禅意的文字。他说:"假如有这样一种境界,心灵无需瞻前顾后,就能找到它可以寄托、可以凝聚它全部力量的牢固的基础;时间对它来说已不起作用,现在这一时刻可以永远持续下去,既不显示出它的绵延,又不留下任何更替的痕迹;心中既无匮乏之感也无享受之感,既不觉苦也不觉乐,既无所求也无所惧,而只感到自己的存在,同时单凭这个感觉就足以充实我们的心灵:只要这种境界持续下去,处于这种境界的人就可以自称为幸福,而这不是一种人们从生活乐趣中取得的不完全的、可怜的、相对的幸福,而是一种在心灵中不会留下空虚之感的充分的、完全的、圆满的幸福。这就是我在圣皮埃尔岛上,或是躺在随波漂流的船上,或是坐在波涛汹涌的比埃纳湖畔,或者站在流水潺潺的溪流边独自遐想时所常处的境界。"

梭罗想要寻求现世生活和现代文明的另一种出路而自觉来到瓦尔登湖边隐居了两年。他日日与瓦尔登湖相看,在湖深邃的眼睛里,看到了生命的诸多秘密。

没想到,梭罗享受湖的方式与一百年前的卢梭惊人地相似,他说:"我先把船划到湖心,而后背靠在座位上,在一个夏天的上午,似梦非梦地醒着,直到船撞在沙滩上,惊动了我,我就欠起身来,看看命运已把我推送到哪一个岸边来了。"

最高的境界总是哲学的境界,与卢梭一样,在梭罗的笔下,瓦尔登湖超越了风景的意义,而在哲学化的阐释中定格为永恒的生命图景。梭罗如此说:"一个湖是风景中最美、最有表情的姿容。它是大地的眼睛;望着它的人可以测出他自己的天性的深浅。"

五

每一座湖除了它自身源自自然和审美的普遍美学意义和哲学启示外,还会在漫长的时光中,从自己特定的地域和历史中积淀而成独特的人文景观。

莫枝堰、平水堰、大堰、高湫堰……那一道道古代水利工程遗存下来的经典建筑物,尽管在历史的演变中慢慢退出了它们曾经炫目的舞台,但是那古老而又低调的身姿依然在湖波的轻拍中见证着先贤之于大地、之

东钱湖堰坝老照片

东钱湖堰坝老照片

于历史、之于城市、之于后世的不朽功德。

殷湾村、陶公村、郭家峙村、韩岭村、下水村、高钱村……每一座湖畔的村庄都沿着绵长的湖岸和缓坡的山地形成了自己山水相依的建筑格局。穿行在村庄的巷弄里,会看见生活本真的面貌和人性朴素的美好,会看见古老的家族如何恪守着为人处世的道德训诫,会看见人们如何将简单而又辛劳的渔耕生活在湖山之间演绎出栖居的诗意。

岳鄂王庙、忠应庙、青山庙、西亭庙、裴君庙……环湖众多的庙宇是湖畔人们的精神圣殿。他们以敬神的方式来纪念历史上一位位为国家、为民生鞠躬尽瘁、死而后已的先贤。每年固定时日举行的庙会,是东钱湖村居最热闹的节日民俗活动。舞龙舞狮,菩萨巡游,赛龙舟,沸腾了湖畔一年又一年的生活。

"陶公钓矶""余相书楼""百步耸翠""霞屿锁岚""双虹落彩""二灵夕照""上林晓钟""芦汀宿雁""殷湾渔火""白石仙枰",东钱湖每一处诗情画意的经典景观,都是历史人文和自然风物之间极致的交融,在喧

霞屿远眺

器的尘世里，时时等待着每一个人的寻访。

"九秋风露越窑开，夺得千峰翠色来"，美丽的越窑青瓷就曾产自东钱湖。自唐至南宋，东钱湖一直是越窑青瓷的重要产地，从当代东钱湖东南岸发现的韩岭王家巷、韩岭上水窑岙、屋后山、郭家峙、韩岭范岙等越窑遗址以及精美的青瓷碎片，可以想见当时的生产规模和艺术辉煌。一批又一批湖水润泽的美丽青瓷就从东钱湖运到宁波，再从明州港出发，沿着海上丝绸之路，走向世界各地，传播着江南文化以及中华文明中深蕴的典雅与精致。

还有气势恢弘的古代石刻，还有民间流传的神话传说，都使得东钱湖在自然美景与人文底蕴的辉映中折射出迷人而又无尽的魅力。

六

四季，或是晨昏，或是晴雨，在任何一个值得怀想的时刻，一个人如

南宋石刻文化遗存

果能够从琐碎而忙碌的生活中自我放逐出来，来到东钱湖之滨，与烟波浩渺的湖相看，与脉脉相连的青山相看，与云起云飞的天空相看，与深蕴文化内涵的历史遗存相看，你便会看到自己的灵魂，澄明、宽广、自由而又深刻。

比如黄昏，湖边的芦苇荡摇曳着落日猩红的光芒，白鹭偶尔翩翩飞起又飞落；一叶小舟从湖心摇过，渐摇渐远，而后变成茫茫湖面上的一个点，一个小点，和那湖面上落日投下的长长的光影闪烁在一起，再也无迹可寻。

比如秋日岑寂的下午，风静的时候，湖面平静如镜，照见山影与云影；风起的时候，湖面便又微波如鳞。

比如，在湖畔村庄千折百回而又无比宁静的巷弄里漫步，而后向湖而走，走向古老的河埠头，看浪涛涌来，轻轻敲打着湖岸，啪嗒啪嗒，那声音，细细去听，听得久了，你会沉沉入梦去。一梦如舟，让浪涛轻轻地推着，推着，荡向时空无际的深处，无始无终，泯然两忘。

在很多时候，没有什么会像一座湖一样给人的心灵以无边的自在、丰富和安宁。

记得有一天，当我匆匆忙忙地从城里出来，坐上公共汽车路过东钱湖畔的时候，我看见公路边矗立着一个巨大的立柱房产广告，推销建在湖边的楼盘，上面以湖为背景，赫然印着斗大的八个字：城市向东，生活向湖。

我国著名科学家钱学森先生曾在给清华大学吴良镛教授的信中写道："能不能把中国的山水诗词、中国古典园林和中国的山水画融合在一起，创立'山水城市'的概念。"是的，如果我们的城市能和一座湖美丽的山水园林景观构建起合理的联系，如果我们的生活能融入一座湖的宁静、宽广以及它丰厚的诗词歌咏和文化底蕴，那是多么充满诗意的一种山水城市的栖居理想。

城市向东，生活向湖。呵呵，那句话倘若不只是在为房子做广告，又该是多么深刻的一句话啊。

七

只是，很多时候，我们长年居住于湖畔，却不知道一座湖背后的历史积淀和心灵歌咏，也不知道一座湖和我们生活境界的某种内在关联。

最终，在历史的烟雨中，我们依旧只是湖畔的匆匆过客。

【三】 水之为利

一、重农莫如治水

"甚哉,水之为利害也!"

两千一百多年前,司马迁在伟大的史学著作《史记》第二十九卷《河渠书》的撰写中,详尽地记述了从大禹治水到汉代各地兴修水利、开渠引灌等史实,深刻地提出了对于"水之为利害"的科学认识,表达了对水利与民生问题的高度关切,在本卷末的史家评论中,司马迁情不自禁地如此感叹道。

中国作为以农耕为传统的国家,历代都是以农立国兴邦,因此治国理政者都非常重视水利建设。司马迁在《河渠书》中也记录了汉武帝时代一起严重的黄河决堤事件,历经二十多年才堵口成功,自此,水利才引起了朝廷上下的高度重视。《河渠书》中说道:"自是之后,用事者争言水利。"

东钱湖作为宁波史上重要的水利工程,从最初的造堰围合到历代的疏浚,再到现代形成烟波浩渺的泱泱大湖,无疑,它首先是历代地方主政官员致力民生、兴修水利的成果。由唐至清,在东钱湖水利工程建设历史杰出贡献人物榜单上,我们可以列出以下长长的一份官员名单:

陆南金、李夷庚、王安石、吕献之、张津、赵伯圭、赵恺、程覃、胡榘、陈垲、寇天叙、黄仁山、柯相、沈犹龙、张伯鲸、袁州佐、董守谕、周镐、麟桂、杨钜源、徐敬、萧福清、吴引孙、程云俶……

陆南金,字季孙,盛唐时吴郡苏州人,自幼习书、史,言行修谨。这位翻开东钱湖治湖史第一页的官员,在历史上留下的生平信息非常少。只在《新唐书》中可以读到关于他的一个完整的故事:

开元初,太常少卿卢崇道以罪流放岭南,后逃归。其时陆南金以母丧居家,卢崇道事急,假称吊丧,造访陆南金,言其实情,陆南金怜而纳之。不久,卢崇道事为其仇人所告发,陆南金因而随之牵连入狱。陆南金弟赵璧到侍御史王旭处申明卢崇道为他所藏,请代兄死,而陆南金称其弟是自诬,自己甘愿领罪。王旭把兄弟争死列状上呈,皇上为其孝友所感动,特赦宥了两人。陆南金由是知名。

这样感人的伦理故事，隔着一千多年的时光，现在读来，依然震撼着我们的内心。

唐天宝年间，陆南金出任鄮县令。他慧眼独具，看到了东钱湖的水利价值，经过实地勘察后，开始率众浚治东钱湖，并筑塘将湖周边的八个缺口接了起来，即大堰塘、方家湖塘、平水堰塘、钱堰塘、木楮堰塘（莫枝堰）、梅湖堰塘、梅湖塘和栗木塘这八个堤塘。自此，东钱湖开启了历史上鄮县尤其是东乡的水利时代。东钱湖围塘成功后，灌溉田地五万亩，给当地百姓的农耕生活带来了巨大的福祉，百姓感其恩德，立祠湖旁以资纪念。明代余有丁曾写诗怀念道："钱湖佳胜万山临，映水楼台花木深。开拓平畴八百顷，不知谁祀陆南金。"

尽管年代久远，我们已经很难从稀少的历史资料中去追溯陆南金这位东钱湖治湖第一人更为详尽的生平历程和治湖细节，但是他美好的声誉已经深深地镌刻在地方民生建设的功德簿上，足以让世世代代感念不已。后来的官员，也正是在陆南金的精神感召下，再加上自身致力民生的情怀，一个个接过了治湖的接力棒，浚湖筑堰，让一座大湖在漫长的时光里熠熠生辉。

在东钱湖的水利建设史上，其工程基础的全面奠定还当更多地归因于一个时代和一位人物。

这个时代就是宋代。尽管中国作为一个农耕国家，水利建设发端很早，历史上知名的最早可以追溯至春秋战国时期，以都江堰、郑国渠等一批大型水利工程为重要标志。其后农田水利事业由中原向全国发展，历经两汉、魏晋以及唐代，水利事业基本已经遍及全国。但是，在整个古代历史的观照中，真正掀起兴修水利高潮的是在宋代。宋朝政府从国家治理层面把水利建设当作一个重要战略，认为"灌溉之利，农事大本"。

为推进各地水利建设，宋代历朝政府颁发了一系列有关水利建设的诏令。仁宗天圣五年（1027）曾诏："诸州长吏令佐，能劝民修陂池、沟洫之久废者……议赏；监司能督责部吏经画，赏亦如之。"神宗熙宁元年

（1068）诏曰："诸州县古迹陂塘，异时皆蓄水溉田，民利数倍，近岁所在湮废，致无以防救旱灾，及濒圩江埠，毁坏者众，坐视沃土，民不得耕。诏诸路监司，访寻辖下州县可兴复水利之处，如能设法，劝诱兴修塘堰圩埠，功利有实，即具所增田税地利，保明以闻。当议旌宠。"神宗熙宁九年（1076），政府又重新颁布《水利图》于天下，诏令地方州县遵照执行，兴修水利，同时在政策上给予人员力量的支持和工程资金的资助。

而且，宋朝政府在管理上很有行政手段，把农田水利的兴修纳入到地方官员政绩的考评中去，规定"诸当职官申请兴修农田水利，谓开修陂塘沟河，导引诸水，淤溉民田或贴堤岸，疏决积潦，永除水害……举修毕……千顷与第一等酬奖，七百顷与第二等，五百顷与第三等，三百顷与第四等，一百顷与第五等"，如若"堙塞废坏不满二十年，而由旧功完复者，各降一等"。宋朝政府出台的赏罚分明的政绩考核条规，大大激发了地方官员兴修水利的积极性，不少官员因兴修水利有功得到嘉奖、增秩或升迁。靖康之变后，南宋政府尽管偏安江南，但依然大力推行兴修水利政策，频频下诏，厉行赏罚，不遗余力。

这位人物就是王安石。北宋庆历七年（1047），二十七岁的王安石在扬州淮南节度判官职位上任期满后，放弃了北上参加京试以入馆阁的机会，而志愿选择南下到鄞县担任地方官员来实践自己的施政理想。其实，一个人的未来可能达到的地位和成就一般可以从他年轻时候的作为中看出端倪。年轻的王安石到任后，就满怀激情地立即投入工作，走访郡县各地，倾听乡贤建议。这一年的十一月，他从县城出发，从东至西，跋山涉水，进行了详细地考察。他把考察过程完整地记录在了《鄞县经游记》这篇当时的工作笔记中：

> 庆历七年十一月丁丑，余自县出，属民使浚渠川，至万灵乡之老界，宿慈福院。戊寅，升鸡山，观碑工凿石，遂入育王山，宿广利寺，雨，不克东。辛巳，下灵岩，浮石湫之壑以望海，而谋作斗门于海滨，宿灵岩之旌教院。癸未，至芦江，临决渠之口，转以入于瑞岩之开善

雕像：王安石率众浚湖

院，遂宿。甲申，游天童山，宿景德寺。质明，与其长老瑞新上石，望玲珑岩，须猿吟者，久之而还，食寺之西堂，遂行，至东吴，具舟以西。质明，泊舟堰下，食大梅山之保福寺庄。过五峰，行十里许，复具舟以西，至小溪以夜中。质明，观新渠及洪水湾，还食普宁院。日下昃，如林村。夜未中，至资寿院。质明，戒桃源、清道二乡之民以其事。凡东、西十有四乡，乡之民毕已受事，而余遂归云。

至万灵乡之老界（今邱隘镇），升鸡山（今五乡镇），入育王山，下灵岩，浮石湫（今北仑大碶镇）之壑以望海，至芦江（今北仑柴桥镇），临决渠之口，游天童山，宿景德寺（今天童寺），"遂行至东吴，泊舟堰下（今东钱湖镇），过五峰（今横溪镇）"，至小溪（今鄞江镇）入林村（今横街镇）。这段行程在现代人看来，如果利用现代交通工具并借助导航系统来完成，恐怕也不是一件容易的事。更何况在一千多年前，在道路交通极其不发达的宋代，一个从外地来的年轻官员要完成这样的考察，如果不是心里怀着造福民生的宏愿，是不大可能在十二天内顶风冒雨、不辞劳苦走遍东西十四乡的。

经过了实地考察，王安石心中便对地方施政蓝图有了底。他选择水利建设作为施政的主要切入口。他在向上司呈交的汇报《上杜学士言开河书》中对考察后心中形成的判断作了陈述：

> 鄞之地邑，跨负江海，水有所去，故人无水忧。而深山长谷之水，四面而出，沟渠浍川，十百相通。……故今之邑民，最独畏旱，而旱辄连年。是皆人力不至，而非岁之咎也。

王安石抓住当时鄞县"跨负江海"、"沟渠浍川，十百相通"的地理特点，对制约当时农业经济发展的主要因素做了分析，并提出旱灾的发生不能完全怪罪于老天，而应是"人力不至"的缘故。因此，他最后提出理想的应对方略就是动员百姓，利用农闲时节浚湖蓄水，"大浚治川渠，使有所潴"。

东钱湖是王安石实践治理方略的首选地。第二年，意气风发的王安石开始组织力量"重清东钱湖界"，"起堤堰，决陂塘，为水陆之利"。经过王安石的此次治理，东钱湖的蓄水和灌溉能力得到了很大提升。清代李暾在《修东钱湖议》中高度评价道："宋李夷庚、王安石补废完固，经理尽制，清波浩淼，皎洁圆莹，若大镜悬空，光映日月。"王安石后来到中央政府执政变法，其中推行的新法之一"农田水利法"的制订，就得益于他在鄞县地方任上以浚治东钱湖为主的水利建设实践。

王安石深爱着这座湖，尤其是重新疏浚后的东钱湖焕发出了更加美丽的风采，浩渺皎洁的清波，闪耀着夺目的光芒，如同日月之光，亦如同理想之光。公务之余，王安石也会来到治理后的东钱湖，与湖光山色相看，写下了一些美丽的诗歌。

仁宗皇祐元年（1049），王安石离任鄞县，赴京师等候差遣。这一别，王安石再也没能回到鄞县,但东钱湖的风光、鄞县大地的山山水水连同他年轻为官的激情岁月常常在他的梦中出现。他在《忆鄞县东吴太白山水》一诗中曾写道:

孤城回首距几何,忆得好处长经过。最思东山春树霭,更忆东湖秋水波。三年飘忽如梦寐,万事感激徒悲歌。应须饮酒不复道,今夜江头明月多。

东钱湖水利工程全面建成后,除了堤堰的巩固维护,其中一大挑战来自于菱葑疯长与淤塞导致的湖面日狭、蓄水日少的问题。由于"堰闸所限,尊、菰、茭、芡、莲、葑之流杂生其间,滋蔓不除则渐淤",东钱湖形成了葑泥淤塞之患。尽管历任地方长官也采用了不同措施来应对这个问题,但是都没有取得较好效果。直到南宋理宗宝庆二年(1226),胡榘出知庆元府兼沿海制置使,通过对积葑的处理以及后续管理的跟进,才基本上解决了这个问题。

胡榘到任后,发现东钱湖已经淤积非常严重,与下属在查勘中看到,"自前堰拏舟,先登二灵山,一览尽见积葑充塞,殆十之八九,惟上水、下水与梅湖三节粗存水面","其近山岸处积湮更甚,亦有因而为塍渐成畎亩者"。他让船夫以竹竿到水中一步步探测,也发现"根株之下,虚实相半,最深渺处,不过数尺"。

东钱湖浚治计划在得到中央政府批准之后,胡榘对浚湖之事进行了周密的规划。浚治之前,先对各处碶闸进行修缮,然后把湖水放蓄于河,以保障东钱湖流域来春灌溉之利。浚治之初,胡榘爱惜民力,先调用地方水军来清除积葑,然后才征募湖畔有田之家出工出力来助力浚治。整个工程由于规划周密和调度得当,进展顺利,成效显著。

宝庆年间,胡榘领导的这场浚湖工程的成功不仅仅在于浚湖本身,还在于浚湖后的后续管理。浚湖工程结束后,胡榘为了保持工程成果,出台官方禁令,禁止沿湖居民种植荷莲,并以工程余款增置田亩,岁贮粮谷,

"令翔凤乡长主之,以渔户五百人分主四隅,人给谷六石,沿湖稽察,随茭菰之生,而绝其种",并且置"管隅者一人,管队者二十人,皆辖之府,而以鄞县丞董司之",也就是说官府与民间合作成立环湖巡逻队,建立长效机制,消除积莳隐患。

胡榘内心对自己领导的这场浚湖行动的成果也感到比较满意,浚湖结束后,他还在陶公山上建了烟波馆和天镜亭,以供游者观赏东钱湖胜景。后人曾有不少诗歌描述之,比如元代乌斯道《天镜亭》写道:

> 亭中危坐月轮孤,何必西游贺监湖?白水摇光千顷阔,青天倒影一尘无。鱼龙不敢生风浪,鸥鹭何须伴钓徒。当日胡公深纳事,此中端不许陶朱。

另一大挑战来自于废湖垦田势力。有时候,对于东钱湖来说,最大的挑战倒还不是来自自然的淤积,而是来自人心的贪婪和短见。历代以来,总有人贪图蝇头小利,为一己之私,围垦湖田。自元代大德年间起,围垦湖田之事愈演愈烈,屡禁不绝。到了明初,"而据为田者竟不下数千"。明宣德年间,下水村王士华以参政的身份家居,"开田甚多,七乡之民讼之,稍阻"。明正德、嘉靖中,"卫军累请以为屯田",由于遭到时任郡守寇天叙和县令黄仁山的拒绝,才未能得逞。明清易代之际,大将武宁侯王之仁为筹集兵饷力请废湖为田,也是由于知县袁州佐的申诉和户部主事董守谕的以死抗争,东钱湖才免于填塞的厄运。面对这起惊心动魄的填湖事件,清代的全祖望在后来追述史实时,还曾心有余悸地感叹道:"向使之仁策行,江师旋破,无补于军赋,而湖堤一决,不可复修,其害大矣。"

然而,也就在一江之隔的西乡大地上,曾经广袤无际、烟波浩渺的广德湖因人们抵制不住眼前之利的诱惑,被围垦为田,从此在宁波的版图上彻底消失了。《四明谈助》记载,广德湖"湖水尽泄,自是岁有水旱之患",废湖仅三年就"下流湮塞,有妨灌溉,致失常赋"。

清康熙六年(1667)进士、曾官至监察御史的北仑柴楼谢氏谢兆昌在

《宁波府门永禁碑记》中写道:"古之厚民生者,重农莫如治水,国家所以考牧守之绩必先于此。"

可以这么说,面对工程浩大的东钱湖,面对历史的重重挑战和考验,历代在此为官的大部分官员都交出了一份理想的政绩单,过了关。

二、位卑未敢忘忧湖

历史上很多重要的民生工程往往是官方和民间合力的结果。然而,在历史的传播中,我们记住的更多是官员尤其是知名官员的积极作为和杰出政绩,而来自民间普通百姓的不少义举却容易被忽略和遗忘。

开建于唐代的东钱湖水利工程在历经千年沧桑之后,在当代的时空中依然焕发着一座泱泱大湖的绝世风采,而没有像其他湖泊一样被废湖为田的功利诱惑蚕食得所剩无几,这无疑要感谢一代代官员民生使命的接力传承,也要感谢民间浚湖和护湖的正义力量的代代参与。

然而,现在前来东钱湖寻访的人们,大都会记得治湖有功的官员如陆南金、李夷庚及王安石等,却很少会有人记得历史上那一群为浚湖而奔走呼号、出钱出力的民间人士。

许多年前,我曾从东钱湖畔出发,沿着宁波的塘河,沿着浙东运河,来到杭州,再从杭州的拱宸桥出发,沿着京杭大运河坐船北上,一路寻访运河两岸的历史文化遗迹。

我记得到达余杭塘栖的时候,看到运河上有一座非常美丽的石拱桥——广济桥,它是古运河上唯一仅存的七孔石拱桥。我是在一本关于塘栖的地方文献里无意遇见这段资料的:

> 今存广济桥系明代弘治十一年(1498)由鄞人陈守清募建。明朝弘治初年,原桥早已塌圮,百姓往来均靠摆渡,每逢风急浪高,总有人落水遇难。此时,义士陈守清挺身而出,募资建桥。因所需资金甚巨,故陈守清便搭乘粮船至京城,以铁链束缚自身向来往官民

募捐。此事惊动了官府,太后、太子纷纷助金赐银,朝廷命官也跟着解囊,使陈守清募到了巨款。历时九年,终于建成这七孔长桥。

这位来自于故乡的先贤舍身造桥的故事感天动地,但是在漠漠的时光长河中,竟也湮没无闻了。我问住在桥两岸的几户人家,大都摇摇头说不清楚。很多人从桥上流连而过,但很少有人知道这座桥建造背后的功德。

其实,当我们在深入梳理东钱湖相关历史文献的时候会发现,在东钱湖的背后也有很多位陈守清,他们在一座湖不幸遇上岁月动荡、时世衰败而渐趋湮塞的时候,挺身而出,奔走呼号,募集资金,吁请官府。他们殚精竭虑、鞠躬尽瘁的感人事迹不应被历史遗忘,这种扎根于中华传统文化的道义精神理应在世世代代的故事传播中实现薪火相传。

只是年月往前推一点,不少人连姓名都已难以确认了;年月往后来看,不少人的生平资料也缺失不全。在这里,我们从并不多的民间资料里梳理出这几位先生的名字和并不完整的事迹,以让我们永远铭记他们泽被后世的恩德。

张祖衔,晚清鄞县生员。光绪十七年(1891),面对渐渐淤塞的东钱湖,他忧心忡忡,商同鄞县、镇海、奉化的部分乡绅,呼吁疏浚湖水,恢复东钱湖的往日生机。然而事未成功,他竟因积劳成疾而离世。

陈劢,字子相,鄞县人,生于嘉庆十年(1805)。拔贡生,官广西知县,道光二十年(1840)辞官归里,教授门徒,不复出。工书法,善篆刻,嗜古书成癖,诗稿文集有《运甓斋诗稿》等。他精通语言文字学,熟悉乡邦掌故,同治年间编纂《鄞县志》时,总其大纲,搜采编辑,出力不少。徐时栋校宋元四志时,请他注释的文字条签约有一寸之厚。晚年得悉东钱湖淤塞严重,他遂与乡绅张善仿一道,为疏浚东钱湖上书力言。

光绪壬辰(1892)农历十月十九日,陈劢等人向官府呈文曰:"禀为事关三县七乡,利被九农五谷,亟宜设法兴修……自明迄今,数百年来未经修理,以致日久渐形淤塞,甚至田舍侵占,湖面逐渐剥蚀,旧称一湖之水可满三河半,今则不及一河。如今年宁地苦旱,稻禾将为槁苗,幸赖湖水为之灌溉,然已患其不敷沾被矣……"

字字句句,情真意切,直击人心。陈劢还在建言中表示自愿筹款先填,并提出了建设性的开浚方略:拟先浚梅湖,再浚正湖;定距民房四五尺之外开浚;钉桩清界,不许填筑占湖;浚出之泥作墩、堆土和窑场之用;梅湖加筑五里塘;借用湖畔庙庵作为工地管理处;根据水势深浅,酌情确定是人工还是用机器;各塘、堰、碶拟随浚随修,以防溃决。

陈劢还确定了详尽的筹款计划。遗憾的是,陈劢与张祖衔一样,都为浚湖一事忧思过度,事未竟而身先卒。一年后,陈劢辞世。

张善仿是鄞县有名望的乡绅,一直热心于地方的公益事业。光绪十三年至十四年(1887—1888),重浚地方城河,张善仿就是其中主要参与者。陈劢辞世后,张善仿依然没有放弃对浚湖一事的关注,不断上书官府,推动东钱湖的疏浚。光绪甲午(1894)三月二十二日,张善仿等人在禀道府县文中说道:"禀为情切桑梓,义难坐视,奉批沥陈,吁叩恩赐察核,倡筹兴办,并赐出示晓谕事。窃东钱湖亟应兴修,历次禀请在案,去年十二月间,禀蒙宪批(见癸巳十二月杨县批),仰见仁宪规画周详之至意,曷胜感佩。职等明知兴修此湖本非易易,然事实亿万生灵所系,倘今日议修而中止,异日更难有踵议之者,是职等欲修此湖转废此湖矣。就全湖齐浚而论,工费固大,若将钱堰、梅湖最浅之处先行疏浚,逐渐推广,视款之多寡量力兴修,先收得寸得尺之效,庶几全湖疏浚渐可成功。伏仰公祖大人关切民瘼,凡遇地方利弊,靡不实心兴除,今此举关切民生休戚,实为既远且大。再四思维,惟有仰恳宪恩先赐倡导,并赐给示劝捐,俾各户观感踊跃乐输,籍资兴工。感荷宪恩,万代不朽。"真可谓是一片诚心,天地可鉴。

张锡藩是晚清鄞县生员,也和前面提到的几位先生一样,为疏浚东钱湖一事竭尽心力,奔走呼吁。光绪二十三年(1897)二月,张锡藩等人在向官府呈交的请愿书中也忧心忡忡地说道:"东钱湖日就湮塞,前称一湖之水可满三河,今则不及半河,每遇旱暵,流难及远,农田无从灌注,秋收即形欹薄,况田多濒江,全赖河水抵御咸潮,若河水浅涸,咸潮易于倒灌,为患尤甚。"忧患之情,可见一斑。

在清朝末年,关注东钱湖疏浚一事的不仅仅有当地的乡绅,还有在外经商的旅沪同乡会的鄞县籍绅商,他们也在光绪三十一年(1905)十一月联名致信地方官府,吁请疏浚东钱湖。然而,清朝末年,世事动荡,国力衰微,浚湖之事尽管得民间众多乡贤的大力推动下,但仍未没获得较大进展。

东钱湖疏浚工程真正得到落实,是在民国初年。虽然当初发起浚湖的张祖衔等先生都相继辞世,但他们的愿心感动着后来者。忻锦崖,是张祖衔弟子,他无比敬重先师的道义情怀,在老师辞世后,继承遗志,继续为浚湖一事奔走呼号。他数上京城,甚至拦截圣驾申告,还因此被羁押京城。改朝易代之后,民国初年,忻锦崖依然不气馁,又向当时的省政府和县政府递交了请愿书,吁请浚湖。书中言辞恳切:

窃东钱湖为鄞、奉、镇三县八乡之命脉,五十万(亩)田赖资灌溉,千万人户衣食皆赖于此,且关系国计民生,自唐宋开浚以来,迄今七百余载,茭蓢弥漫,淤泥湮塞,曾未有起而修浚者,以致五十万亩田苗一逢灾旱辄成枯槁,农民受害非浅,所以生为此事二十余年奔走呼号,迭经禀请开浚,案牍如山,讵料辛苦备尝而事功未竟……

他在述说浚湖的急迫情形以及历数自己二十年来请愿历程的艰辛之后,也对具体的浚湖策略提供了切实可行的建议。

忻锦崖的拳拳之心感动了一位在天津经商的先生。这位先生名叫陈协中,又名济易,是宁波镇海城关镇人。陈协中幼年丧父,由亲戚带至上海五金店做学徒,后到天津,任天津德商逸信洋行买办,并创办济安自来水厂。他热心公益事业,当听说家乡东钱湖疏浚一事以及忻锦崖的感人事迹,便邀请忻锦崖到天津,共商东钱湖疏浚事宜。

在就东钱湖疏浚工程的各项内容达成共识之后,陈协中捐以巨资,于东钱湖北岸青山寺成立湖工局,先浚梅湖,后及全湖,历时三年,东钱湖疏浚大功方才告成。陈协中还出资请人编纂了《东钱湖志》,记录下了东钱湖丰厚的文化内容。

从1892年张祖衔率先发起浚湖倡议起,到民国初年浚湖成功,其间艰难坎坷,可想而知。但因民间众多有良知乡绅的一心坚持和前赴后继,东钱湖浚湖之事终究大功告成。

当然,在东钱湖疏浚的功绩簿上,还应记下不少乡贤的名字。

比如李镜第。他热心公益,深得民心,于1913年被推举为第一届浙江省议员。在以后十几年里,他一如既往,仗义疏财,不仅自己把经营盐业、印刷业之利润大部分捐赠给学校与慈善事业,还利用他省议员的身份四处为效实中学等学校办学筹集资金,同时他还曾担任宁波佛教孤儿院的董事、鄞奉公益医院的董事以及东钱湖浚湖局董事,为地方的兴学、慈善以及浚湖等公共事业竭尽了自己的全部心力。

比如陈如馨。他曾创办上海大陆药房、宁波华隆线毯厂和宁波如生罐头食品厂。他热心公益,为宁波的城市公共文化及基础设施建设尽心竭力,曾主持修建中山公园,参与重修天一阁和修复白云庄,也是20世纪30年代成立的"改建宁波老江桥筹备处"委员之一。他关心民间疾苦,抗战期间,曾出任"鄞县难民救济总所"主任。1947年1月,他出任东钱湖水利参事会主任委员,主持东钱湖疏浚工程。他还撰写了《建设新宁波刍议》,为地方城市文化、商业、教育等各方面的重建献计献策。

南宋思想家袁燮曾经写过一首《望东湖》,诗中不仅写了自己对湖山之美的热爱,而且还深深地感叹东钱湖作为古代水利工程的灌溉之利和无量功德。他在诗中写道:

> 平生酷爱水浮天,每到东湖意豁然。要识此湖功利溥,旱时无限荫民田。

"要识此湖功利溥,旱时无限荫民田",是的,正是民间生生不息的道

民国三年（1914）政府褒奖匾额

德力量与有作为官员的济世情怀交融在一起，形成了一股强大的合力，让浩渺的东钱湖能够穿越时世沧桑，永恒存在，世世代代润泽着湖畔人们美好的生活。

民国三年（1914），北洋政府褒奖了陈协中，匾额上题写"功在钱湖"。我想这四个字，也应该献给历史上所有为东钱湖的开挖和疏浚做出过巨大贡献的人们。

三、千年古堰

如果说一座湖有着它自己的前世今生，那么，那一座座古堰就是湖的前世。

在鄞县东乡的大地上还没有这座泱泱大湖之前，有远见的地方长官就率民众立湖界，起堤塘，决陂塘，使得七十二溪涓涓流水汇聚于此，形成了碧波万顷、轻舟荡漾的东钱湖。

堰是一个古老的综合性水利系统。它矗立在湖与江河的交界处，大

平水堰

都和堤、碶闸一起构成一个完整的水利系统,集蓄水、泄洪、行船等功能于一身。

东钱湖沿岸目前尚存的古堰有莫枝堰、平水堰、大堰、高湫堰、钱堰、梅湖堰、栗木堰。其中梅湖堰和栗木堰在上个世纪梅湖被垦田之后永远地退出了历史舞台。

在地方志里遇见那些叙述古堰的文字时,常常会引起一个人对于大地和河流、对于村庄和城市的美妙联想。

比如自莫枝堰碶下注的水流流向是这样的:入中塘河,出八字桥,历黄苏桥、沙家垫、五港、杨树桥迤北为鹅颈汇,西折历泗港、潘火、杨家桥,至横石桥与前塘河会合,尾闾之水经四眼碶、延芳桥、白鹊桥、古大石碶桥,由大石碶入奉化江。比如大堰新碶下注的水流流向为:入长山港,经观音庄、前徐,西南横溪来水会于凰山大桥,水出云龙碶,经过颜桥,折西南而经石桥,又经荷花桥,又折西南徐东埭,又折正南甲村,又经蔡郎桥经过俞家埭、孙家庄至奉化白杜一带。而过云龙碶桥其正北湖墅桥,经张村桥,又经安乐万岭(俗称三桥),折北又经武陵桥,至横石桥东与中塘河之水汇合，由道士堰碶、大石碶入奉化江。

那一道道古堰与碶闸，仿佛是大地、湖泊与河流之间的重要节点，决定着天地之间万物的兴衰和生命的走向。

只是，如今，隔着岁月，隔着时光，再加上古堰低调的存在，那些人从东钱湖镇老街上走过，从湖畔的一些水口走过的人中，很少会有人记得那一道道古堰在历史中曾经的那段风华。古堰退隐成了村民口头述说的一个个地名中的小小后缀音节，如"莫枝堰""大堰头""前堰头"等。

七座古堰中，规模最大的当属莫枝堰。莫枝堰，始建于北宋。宋庆历七年（1047），年轻的王安石怀着"才疏命贱不自揣，欲与稷契遐相希"的志向，主动放弃"馆职京城"的机会，向朝廷要求到地方上为官，以求从基层做起，实践自己救济苍生、辅佐社稷的从政梦想。王安石出知鄞县县令后，经过实地考察和调研，即采取了一系列施政举措，其中之一就是兴修水利。兴修水利中的一个重要项目就是疏浚东钱湖，修建莫枝堰。

尽管那段岁月已经远去，莫枝堰建造的历史故事也已经漫漶不清，但在民间流传下来的两个关于莫枝堰名称由来的传说中，我们还能依稀看到一个年轻有作为的官员的历史身影。

一说莫枝堰快完工的时候，有人向到现场巡察的王安石征询给堰坝取个什么名字为好。那时，已近黄昏，夕阳正好逗留在了湖畔的树枝头。湖面粼粼的波光和枝头绚丽的夕阳相映成辉，再加上工地现场热烈的劳动场景，让王安石的内心顿起一种感动，于是他即景给堰坝起名为"暮枝"。由于在地方方言口语的发音中"莫"和"暮"同音，后来就慢慢读写成了"莫枝"了。

另一说是春秋时期，干将、莫邪在浙北莫干山铸成了"雌雄剑"，本想献给越王勾践，但此时越王已被吴王夫差打败。夫差早已听闻此剑名声，派人索取。干将、莫邪不肯屈从，就把剑藏于东钱湖畔并告诉儿子"剑在松下，树在石上"。干将、莫邪被夫差杀害后，"雌雄剑"从此下落不明。后来，越王卧薪尝胆终又打败吴国，干将、莫邪的儿子找到了范蠡，带他来到东钱湖畔，告诉他父母的遗言，并一起在东钱湖的两山之间的一个

莫枝堰

莫枝堰碶

落水隘口的松树枝下的巨石底,找到了著名的"雌雄剑"。到了宋代,王安石治理东钱湖,在干将、莫邪藏剑的巨石旁,建了堰坝,以示纪念,故命名为"莫枝堰"。

两个传说,一个写实,一个魔幻,尽管细节并不丰富,但当我们在悠远的时光里,在长途的寻访中,无意中听到时,都会深深感受到其中寄寓着的古时人们之于历史、之于功德的一种深厚情感。而且，传说的存在，使得一个可能原本常见的事物在诗意的神秘中获得一种魅力，在一个去魅的时代，让人独自面对它的时候，依然不禁浮想联翩。

由唐至宋，由于一批关怀民生、注重水利建设的有作为的官员如陆南金、王元暐、李夷庚、王安石、吴潜等的相继施政，宁波进入了它历史上的水利黄金时代。

当时，用于灌溉蓄泄的河网格局也基本形成，如鄞东的后塘河、中塘河、前塘河以及东钱湖，鄞西的南塘河、中塘河、西塘河，江北的颜公渠、慈江、中大河，余姚的马渚横河、大沽塘江，慈溪的慈湖、杜湖、鸡鸣湖，奉化的赵河、杜河，以及城市中心的月湖与城市河道等相继贯通。

如何让一个城市庞大的河网体系能够合理运转，这是对历代地方官员治水智慧的一种考验。清代著名学者全祖望认为堰坝碶闸为宁波水利的命脉。他指出："吾乡水利，阻山控海，淫潦则山水为患，潮汐则海水为患。而地势有崇庳，故必资碶闸之属，以司启闭。"他认为治理修建堰坝碶闸的功绩应成为衡量地方长官政绩的主要考核依据，他说："牧守之贤者，大率以治碶闸为先务。"

陆南金、李夷庚和王安石们在治理鄞东的东钱湖的时候，都注重堰坝碶闸的修建。王元暐在治理鄞西水系时，创造性地建造了它山堰。

《四明它山水利备览》记载：该地溪南沿流是山，溪北是平地，溪北有座小山，与溪南众山相对峙，因无其他山相接，故名"它山"。以前，奉化江咸潮沿溪上溯，以致"田不可稼，人渴于饮"；而且，遇洪水季节便泛滥成灾，遇旱季则河溪干涸。唐大和七年（833），县令王元暐上任后，便着手进行水利建设，建造它山堰。它山堰建成后，对上游溪水进行了合理的调节。水被堰阻拦，流入南塘河，使鄞西七乡沿河二十余万亩农田得以灌溉，而且还沿南塘河流入宁波城中，汇聚于日湖月湖，"民食之所资，官赋之所出，家饮清泉，舟通物货，公私所赖，为利无穷"。如遇潦涝，洪水则漫过堰面而注入奉化江。潦则七分归江，三分入溪，旱则七分入溪，三分归江。

它山堰堰面全部用条石砌筑而成，堰身为木石结构，有逾抱大梅木枕

它山堰

卧堰中。国内水利专家考察分析,堰身设计有四大特点:一是石堰堰底倾向上游,其倾角为5度,与堰底水平的情况相比,可以增加堰体的水平抗滑稳定性一倍以上。二是条石下面的黏土夹碎石层,用作水平防渗铺盖,可减少堰体下面沙砾石河床的渗漏,并能增加土的抗剪强度,并加速其固结度。第三,横跨河床的堰体,平面是略带向上游鼓出的弧形,当溢流时,水流将向河床中心集中,能减少河床两岸的冲刷,而堰体的消能,采用多级护坦的方式。第四,堰体采用变厚布置,目的是使沉陷均匀,增大河床中央堰体的刚度。这四大设计特点的前两项为全国古水利工程之首创,据说比国外同类技术的运用早200多年。

自唐、北宋以后,宁波又迎来了一位精通水利的地方官员,他就是南宋宁宗嘉定年间的状元吴潜。

吴潜(1195—1262),字毅夫,号履斋,徽州休宁人。宁宗嘉定十年(1217)举进士第一,授承事郎,迁江东安抚留守;理宗淳祐十一年(1251)参知政事,拜右丞相兼枢密使,封崇国公。次年罢相,开庆元年(1259)任左丞相,封庆国公,后改许国公。吴潜以观文殿大学士授沿海制置大使、判庆元府主政宁波。治郡三年，勤政爱民，政声斐然。到任当年，在今鄞江镇东首修筑洪水湾塘，为阻隔江河之巨防，并修砌长十余公里的"吴公塘"。翌年至开庆元年（1259），在宁波四乡全面整治碶闸堰坝。

吴潜治水的一大创举是在平桥河（今宁波市海曙区镇明路西侧平桥街口）创建"水则亭"，设立水则碑，镌刻"平"字于石上，成为全城统一的"水则"标识。同时，颁布政令，规定城外所有碶闸均视"平"字之出没为启闭潴泄之标准。他亲作《平桥水则记》碑文，其中说道："四明郡阻山控海，海派于江，其势卑；山达于湖，其势高。水自高而卑，复纳于海，则田无所乎灌注，于是限以碶闸，水溢则启，涸则闭，是故碶闸者，四明水利之命脉，而时其启闭者，四明碶闸之精神。"吴潜设立的水则碑，利用平水的原理达到了解水情和便于调度的目的，可以说是我国古代城市水利工程的宝贵遗存，为研究古代水利发展史和建设城市排涝防洪工程提供了重要的借鉴。

从唐至宋，宁波境内堰、碶、塘等古代水利设施遍布，至今仍发挥着灌溉、防洪、排涝等作用。

相比于入选世界灌溉工程遗产的它山堰，东钱湖古堰的知名度可能小了些。但在时光的静寂中，当从东钱湖的古堰旁缓缓走过时，你依然可以从中感受到其独特的设计和建造智慧。

东钱湖古堰都是低坝，堰面砌成人字斜坡屋脊形，湖水满时可以直接溢流，湖水浅时可以拦阻蓄水。同时又增设碶闸，便于调节，进一步完善了古堰的水利功能，使其不影响下游的水量。人字斜坡屋脊形的古堰还有利于船只通航，船过堰的方式有这么几种：一是有的古堰堰顶装置辘轳，把绳索系在船首桅杆孔处，由人工运转辘轳拖船过坝；一是在船底涂抹湿泥，减轻阻力，然后以船底中央为圆心，在人力推动下船首船尾交错移动慢慢过堰出入湖上。后来有了电动机械，比如上个世纪中叶莫枝堰安装了双轨过堰装置，船只要进入轨道上，开动机器，就能轻易过堰了。

世易时移，曾经船来船往的繁忙而又热闹的古堰尽管退出了经济生活的舞台，在逝去的时光里慢慢静寂了下来，但它依然是我国水利工程的活典范,不仅还在默默地发挥着最初的水利功能,而且它的建设智慧依然启迪着人们思考人与自然的关系。

不仅是东钱湖古堰,还有入选世界灌溉工程遗产的它山堰,世界闻名的都江堰,它们都有一个共同的特点,那就是"天人合一",或者说是人与自然和谐共处、完美结合,人在自然面前不体现人的强势和征服欲。

中国传统文化始终主张天道与人道、自然与人为的内在协调和统一。在中国传统文化的各个领域,无论是艺术审美、生活习俗,还是工程营造,都充分尊重自然法则,追求彼此的融合。堰,从文字学的角度来解释,本身就包含着一种极其低调的思想观念。堰,形声;字从土,从匽,匽亦声。"匽"本义为"帝王退休",可引申为"停息"等义。"土"与"匽"结合起来意指"让水暂时结束流淌、停下来休息的土坝"。而且,古堰本身的造型也大都是低坝缓坡,水满的时候可溢流而过,水浅的时候可蓄水以备饮用和灌溉,跟江河有机地融合在一起。

而现代大型水坝水利工程却以高坝阻断和征服江河为手段来获取更大的利益,忽略了对自然生态的尊重和呵护。大型水利工程所带来的负面影响,如对气候的干扰可能带来的干旱或洪涝,如诱发地质灾害,如导致江河生物多样性的丧失等等,正越来越引起现代人的警醒和反思。美国作为世界上最早建造大型水坝的国家如今也开始检讨大型水坝水利工程的得失,甚至开始拆除部分大型水坝以恢复地区的生态活力。1998年成立的世界水坝委员会,也开始不断省视大型水坝发展的有效性。现代人类在一味追求大型水坝带来的巨大利益时,往往没有把所得与所失进行综合全面的权衡与考量。

而中国古堰的修筑,也许可以成为现代人重新省视现代水利工程中人与自然如何相处和平衡问题的重要样本。

四、从湖泊走向海洋

水阔烟深望渺然,霎时渔火满前川。客舟过处添愁思,疑是寒

钱湖烟雨

山水城市的栖居理想

山寺外眠。

许多年前的一个晚上,已分不清是在怎样的一个季节,诗人坐着客船从烟波浩渺的东钱湖上缓缓而过。船过湖湾时,暮色渐起,忽而看到湖湾上点点渔火闪烁着耀眼的光芒,仿佛大地上故乡的村庄在夜晚降临时那一盏盏渐次捻亮的灯火,顿时撩拨起诗人内心无边的乡愁。

东钱湖畔的不少村庄大都背靠青山,面朝钱湖。村庄沿着山麓湖岸曲曲折折地狭长分布,向来是人多地少。即使是不多的土地,也在离村庄数里外的湖塘下和塘河边,来回耕种非常不方便。俗话说,靠山吃山,靠水吃水,驾船捕鱼就成了湖畔村庄百姓主要的生存方式。清代诗人谢文运在诗歌《泛东钱湖》中曾写道:"临水人家成岛国,谋生渔业代躬耕。"

湖上传统捕鱼的方式有这么几种。

一种是使用鱼叉和鸡罩。鱼叉捕鱼靠的是渔民的眼力和臂力,在水里发现大鱼的时候,便迅速有力地投出鱼叉,鱼叉杆后连着绳子,以便收回鱼叉。鸡罩,用竹编成,上小下大,上有大孔,下无底,平时用来关鸡,春

临水人家

天鱼汛时可用来捕鱼,往往在浅水处使用。

一种是使用扳罾。扳罾多时,在湖畔每隔百米就有一座,也成了湖畔一道独特的风景线。渔民把渔网绑在"十"字形竹棍或木棍上制成扳罾。网片成正四方形,四角用竹竿撑起,中间置重物,沉入湖中,然后每过一段时间利用杠杆作用将罾从湖中徐徐扳起。那时水声喧响,罾内的水如瀑布般从网眼中泄出,水泄完时,便会看见不少鱼儿在网面上活蹦乱跳。岸上路过的行人也会禁不住驻足围观。

一种是鸬鹚捕鱼。渔民把家养的鸬鹚放向湖面时,会用草线扎住鸬鹚的脖子,以免鸬鹚在捕获鱼时将鱼吞入腹中。在捕鱼前,渔民会用勺子从湖里舀起水泼向栖息在船沿上的鸬鹚们,以激起鸬鹚的捕鱼兴致。鸬鹚们在湖里扑腾捕鱼的画面非常壮观,水花飞溅,鸬鹚在水上水下逐鱼的身姿非常矫健,尤其是几只鸬鹚合力围捕一条大鱼的场景更是激动人心。

常见的便是利用船只进行网捕。或轻划小舟,至湖心处,渔民用力把网撒向湖面,网在空中优雅地张了开来,而后沉入湖中,渔民可用与网缘相连的绳索将网收回来。或几艘船先在水中布网,然后再从几个方向将鱼赶入网中进行兜捕。

有时，晚上也捕鱼作业。船头挂一盏煤油灯照明，湖面远近船多时，上百盏灯在夜色中闪烁，与湖中的倒影辉映在一起，便形成了湖畔渔火一景。

浩渺的东钱湖成了湖畔人们赖以生存的家园，也滋养了人们舌尖上的生活。四季湖里的湖鲜犒劳着辛勤劳作的人们。

据统计，东钱湖里光鱼类就达45种之多，其中有名的当数"青鱼"和"朋鱼"。青鱼，头平腹圆，色青鳞黄，做菜时常用来红烧，成东钱湖一道名菜，名叫"青鱼划水"。除了红烧，当地的村民还经常从湖畔集市上买来青鱼，剖好洗净，晒成鱼干，平时烧饭时取一些蒸熟，绝对是下饭的美味。朋鱼，身白扁长，鳞细，味美，常用酱油清蒸着吃，也是东钱湖的名菜之一，名叫"浪里白条"。

清代学者全祖望在自己的诗文中还提到过产自东钱湖的"吐哺鱼"味道鲜美。吐哺鱼，身形小，微黑，有斑纹，生活在湖底，春暖花开时肉最肥美。明代冯时可在《雨航杂录》下卷中也说道："吐哺鱼，名土附，以其附土而行也。或曰：食物嚼而吐之，故名。"全祖望吃了吐哺鱼之后，还诗兴勃发，写了一首长长的《东钱湖吐哺鱼歌》。

产自东钱湖的河虾和螺蛳也是湖鲜中的极品。河虾入水清灼，虾红壳薄，肉质可谓鲜嫩。螺蛳可用来酱爆，再添葱段，吮吃起来，也可谓是鲜味浓郁。

那么多年来，东钱湖不仅滋养着湖畔村庄的生活，也成了宁波历史上重要的渔业基地，为宁波市民源源不断地提供着美味的湖鲜，可以说是一座城市的淡水鱼仓。

东钱湖渔民凭借在湖里练就的一身驾船和捕鱼本领，不仅在湖上大显身手，而且还从东钱湖莫枝堰顺流而下，沿着中塘河，在宁波九眼碶下甬江，出镇海口，走向宽广的大海。据史书记载，唐宋时期，东钱湖已经有渔民从事海上捕捞了。元代袁桷在《新建鄞县尉厅记》中记述东钱湖渔民"春至辄率其子弟文身棹歌，出没于海岛，伺危薄险"。明清以来，东钱湖在海上的捕捞队伍也越来越壮大,尤其在清代舟山渔场形成的八大渔帮中,东钱湖的"湖帮"实为八帮之首,以大对船捕捞闻名。

东钱湖渔民在明朝初期首创了"对船作业法",光绪八年(1882),宁波府立《鄞东南乡对渔船永安会碑记》中记述道:"窃坤等世居鄞东南乡东钱湖一带,向以出洋捕鱼为业,每出捕鱼,必须两船合捕,故名对渔,又曰大对。"这是中国海洋渔业的一次伟大的技术进步,既是海洋渔船由长期小型化走向大型化的一个重大转变,又是海洋渔业由沿岸浅海作业走向近海深海作业的一次历史性转变。

由于捕捞作业需要,大对船由网船和偎船两种船型组成,网船上一般用人八个,偎船上一般用人七个,作业都有严格分工。网船为出(撒)网捕捞船,偎船为网船出网拖曳网纲,待网成裤衩形后,双船拖曳渔网;到收网时,偎船带缚渔绳于网船左船舷,拖住网船使网船操作收渔网(即"带偎")。

这些驰骋海上的大对船,大多由宁波当地的船厂船匠制造。船体主要采用樟木、梓木、杉木和硬木制造;船体纵向部分普遍装置龙骨、抖筋、玉肋、舷板、压舱和直梁(纵梁);船壳横向均安装底挠、侧挠(挠柱)、横梁和梁头;船体内部按生产生活和储物(藏鱼)等用途,分隔成头舱、水舱、鱼舱、卧舱、伙舱等各种舱室。从外形来看,大对船船头高翘,船身较短,舱部宽阔,船尾平阔而两侧高耸,有利于在大海上冲风破浪并到距海岛陆岸稍远的近海和较深海域航行作业。当然,大对船的网、偎两船作业任务不同,因而船型结构也略有区别,网船的船体、船舱结构会比偎船略微复杂一些。

鄞人范邦桢有《甬东竹枝词》写道:"对渔船只趁潮双,齐插红旗进海关。梅雨不多风暴少,冰鲜第一好洋山。"东钱湖海上捕捞力量兴盛时,在舟山洋面有大对船 500 余对,从而掀开了中国近代渔业"东钱湖时代"的序幕。

然而,东钱湖对于海洋的影响不仅在于渔业技术的革新,还在于用一种宽广的胸怀和充满温情的道义重新确定了海上生活的伦理秩序。

众所周知，在过去，海上捕鱼作业是一件非常危险的工作。海上天气多变，时而风平浪静，时而巨浪滔天，那时没有像现在这样准确的天气预报，全靠有经验的船老大通过看天、看云、看海鸟活动和海水变化来判断天气情况，而且渔船都是木制的，靠人力和风帆驱动，不像现在钢壳渔轮那样牢固，也没有机械驱动渔轮那样强力。一旦遭遇暴风雨而来不及返航，往往会船毁人亡，酿成悲剧。还有，渔船外出捕鱼，在海上作业的时间周期很长，长时多达九个月，如有生病，也常不能得到及时救治。因此，民间流传这么一种说法，说海上捕鱼的人"一只脚在棺材内，一只脚在棺材外"，也不是没有道理的。

面对海上时有发生的伤亡事故，清光绪二十九年（1903）二月，东钱湖渔民曹领忠、忻顺实、郑圣琅等人联名征得舟山定海官府同意，在沈家门渔港中心地段（青龙山龙岩下）立上一块"奉宪勒石"，并由东钱湖渔民群体公议出资在渔港设立渔公所，除公正处理海事纠纷、监督来自东钱湖的渔船"在沈家门停泊务宜严禁船伙不得上岸赌钱嫖娼"、确保渔港"永安无事"之外，还筹集抚恤资金，按"奉宪勒石"碑上所载，对来自本乡的落难渔户进行救助。

沈家门渔港奉宪勒石碑

抚恤资金的筹集如"奉宪勒石"碑文所示："渔船照货价每斤愿出钱六文、收鲜船照货价每斤愿出钱贰文存积公所"；抚恤的规则也如碑文所示："凡遇风潮不测失足落水渔户……由公所给发丧等资费钱二十四千文"，"子幼少由公所每月给钱五百文，定其子十六岁为限示体恤"。这些规定，深切地体现了危难之际的人间真情，尤其将遗孤照顾抚养到16岁的做法，开启了沈家门渔港海域渔民慈善救助的先例。

东钱湖渔民率先制订的"奉宪勒石"条款告示后，其他地方的渔民在沈家门渔港建立的"八闽""人和"两个渔公所首先仿照施行，还有清末民初所建的"永顺""靖和""坎门""灵和"等省内外在沈家门渔港的渔公所，也相继效仿东钱湖渔民的做法，妥善处理了遇难渔民后事，安抚了人心，也使得渔港的社会风气越来越好。来自各地的渔民都视"奉宪勒石碑"如圣物，纷纷赞誉道："小小石碑如圣命，患难之中见真情。"

斗转星移，世事变迁，东钱湖人开创的海上渔业的辉煌时代也渐渐成为历史当中一抹难忘的记忆。东钱湖畔村庄的老人还依稀记得每年中秋时节东钱湖渔民祭神鸣炮、摇着大对船浩荡出海的宏大场面；那些大对船在次年春天回湖后，停靠在湖岸边，夜间在船头高挂桅灯一盏，星星点点，灯光与湖面的倒影彼此辉映成一片，景色十分壮观。

如今，为了保护生态环境和旅游资源，从2010年开始，当地政府已不再核发新的捕捞许可证。也就是说，在不久的将来，东钱湖渔民这一延续了上千年的古老职业终将成为一座湖的往事和记忆，但我们应该永远铭记，东钱湖渔民曾经开创的这段辉煌的渔业历史和树立的崇高的道德风范。

五、文明的碎片

江水滔滔，时而拍打着两岸，激起阵阵的浪花；海鸥轻翔，时而在空中划出优美的弧线，为城市平添生动的景致。

宁波的三江口，自余姚流淌而来的姚江和自奉化流淌而来的奉化江在此会合成一个宽广的江面,而后融汇成甬江,向东绵绵不绝地流向大海。

城市高楼的密集和马路上的车水马龙衬托出江面的无比阔远和宁静,三江口周边观景的人们可能不会想到千年前的三江口那桅帆林立、千船竞发的繁华场景。

这里曾是宁波在唐宋元时期的明州港海运码头所在地,是海上丝绸之路也是海上陶瓷之路的启航地。宁波与海外的贸易和文化交流始于东汉晚期,至唐代,明州(即现在的宁波)已成为中国东南沿海的重要港口城市,也成为连通朝鲜半岛、日本列岛的东海航线上主要贸易城市。当时的明州港与朝鲜半岛莞岛港(清海镇)、日本博多港(博多津)形成了一个东亚贸易圈,中国瓷器、茶叶、丝绸等物品由明州港运往海外。北达高丽(朝鲜),东至日本。南经广州,一路向东南,通往菲律宾、印尼、马来西亚诸国;一路向西南,沿海岸至越南、泰国和缅甸,经孟加拉湾,到印度、巴基斯坦,及至波斯湾和地中海沿岸伊朗、埃及等。

其中,作为中国最早输往海外的大宗贸易商品的越窑青瓷就是依托明州港口,经过海路大量运销亚非各国。在亚非各国中世纪的都城、枢纽港口、贸易集散地遗址,佛教、伊斯兰教的寺院和祭祀遗址,宫殿建筑以及贵族墓葬等遗址,都发现有来自宁波的越窑青瓷。

1973 年,在三江口旁的和义路唐代海运码头遗址,出土了 700 余件越窑瓷器等。几十年来,宁波市的考古工作者还陆续在三江口的和义路码头遗址、东门口码头遗址、天妃宫遗址、江厦码头遗址、渔浦城门遗址、市舶司、市舶库遗址等地方出土了大量瓷器。这些瓷器以越窑青瓷为主。

2004 年 2 月,一支比利时海底勘测团队在印尼爪哇井里汶岛海域,发现了一条五代时期的沉船,沉船里除了有几百件定窑白瓷,还起获了超过 10 万件的越窑青瓷器,其中有 9 万多件碗碟、200 多件执壶及不少形制多样的器皿。井里汶沉船中的越窑青瓷,有碗盘、盖盒、水盂、执壶、四系罐或盏托等,纹饰精美,式样繁多。

由海上陶瓷之路越洋过海的越窑青瓷的其中一个重要产地就在东钱湖。东钱湖越窑是浙江三大青瓷窑址群之一,是全世界最早烧制出瓷器

越窑劳作场景（摄自宁波博物馆）

的窑口，为人类从陶器时代走向瓷器时代作出了杰出的贡献。

1981年，由国家文物局和故宫博物院举办的"中国古窑址瓷片展览"，先后在香港和日本展出。展出的瓷片共500多件，其中，宁波鄞县（今鄞州区）选送12件，这些展品全部出自东钱湖畔的古窑址。

从东汉到南宋的一千多年烧造历史里，东钱湖越窑青瓷创造了它的艺术辉煌，尤其自中唐至北宋早期的两个世纪，东钱湖越窑青瓷臻至顶峰，其生产规模、工艺水平以及产品质量均领先国内各大名窑，制瓷技艺可谓登峰造极，特别是"秘色瓷"达到了青瓷釉色的最高境界。当时，上至朝廷，下至民间，越窑青瓷一直是进贡皇室的珍品和备受百姓喜爱的日常生活用品。

古代诗歌中有不少吟咏越窑青瓷的诗句，如孟郊的"蒙茗玉花尽，越瓯荷叶空"，施肩吾的"越碗初盛蜀茗新，薄烟轻处搅来匀"，陆龟蒙的"九秋风露越窑开，夺得千峰翠色来"，徐夤的"功剜明月染春水，轻旋薄冰盛绿云"，纷纷赞美了越窑青瓷的色彩之美和轻薄之巧，表达了内心的喜爱之情。唐代茶圣陆羽也在其名著《茶经》中，从品茶的角度出发，对越窑如冰似玉的青瓷茶碗赞美有加，把越窑青瓷排在了诸名窑之首。他说："碗：越州上，鼎州、婺州次；岳州上，寿州、洪州次。或以邢州处越州上，殊为不然。若邢瓷类银，则越瓷类玉，邢不如越一也；若邢瓷类雪，则越瓷类冰，邢不如越二也；邢瓷白而茶色丹，越瓷青而茶色绿，邢不如越三也。"

东钱湖越窑选址大多在湖山之际，背依山坡，沿湖分布。这样，既便于取水和取材，也便于烧制用火。

位于东钱湖韩岭窑岙山东坡的窑岙山窑址，面积较大。从出土的器物来看，主要有大小瓷碗、水盂、钵、直口罐、双系罐等，以素面为主，纹饰亦有羽毛纹、网纹等。胎质灰白，釉色以青中带灰为多。

面积最大的要数东钱湖畔隐学山麓的郭家峙窑。郭家峙窑，面积达2万平方米左右，堆积层厚达2米以上。窑址产品有碗、水盂、粉盒、盏托、执壶、罐、盘等十余种，胎质灰白，釉色青灰，纹饰有莲花瓣壁刻，盘心刻莲花、划花水草、花鸟、蝴蝶、鹦鹉等，式样繁多，制作精细，胎泥淘炼非常纯净,质地细腻,釉层莹润,呈现着越窑青瓷的绝代风华。

繁华不再,涛声依旧,在东钱湖畔行走,不经意间,会在湖之一隅、山之一角遇见裸露的越窑青瓷的堆积层。拨开尘土,拾起碎瓷片,细细观赏,有的轻薄如叶,有的纹饰精美,有的釉色如初,在闪耀的阳光里,仿佛又让人想见千峰翠色,想见一个时代的风雅。

尽管精美的越窑青瓷如今只余散落一地的碎片,但历史仿佛并未因此烟消云散,在一个文化重又觉醒的时代,那些执着于优秀传统文化传承的民间人士重又承担起了文化复兴的重任。

在这里,首先要说说东钱湖越窑青瓷的收藏家应培明。应培明,年轻时曾在咸祥做过木匠,从木雕艺术入手,爱好渐广,石刻、篆印、古玩等领域,也逐渐涉猎。而立之年,他一次雨后出行,无意间在东钱湖畔看到了一块越窑青瓷精美的碎片。尽管这是一块碎片,但艺术的直觉却让他感到如获至宝,于是他便开始在东钱湖周边收集古瓷器。

如今,应培明收藏的越窑青瓷可以说是品种齐全,如罐、盘、盏、碟、洗、钵、盅、敞口碗、盏托、执壶、净水瓶、水盂、香炉等,还有难得一见的脉枕、三联荷叶粉盒、五芯灯、高脚杯等。尽管它们大多残缺,但其丰富的纹饰如龙凤、花鸟、缠枝莲等以及雕刻等技艺的娴熟运用,依然隔着绵长的时光,透露着一个古典时代的优雅。

望着精美的瓷器碎片,应培明在内心渴望能把它们拼接和修复完整,以还原一个艺术品最美的面貌。为此,他还特意跑去江西景德镇拜师学艺,学习瓷器的文物修复和商业修复。而且,随着对越窑青瓷辉煌历史的深入了解,应培明心中的一个梦想也越来越清晰,那就是能够在东钱湖畔建一座越窑青瓷博物馆,把自己收藏的东钱湖越窑青瓷全部展示出来,让更多的人了解东钱湖越窑青瓷曾经的辉煌历史和文化影响。

2003年,一群致力于复兴东钱湖越窑青瓷的有志之士在湖畔组建了越窑青瓷工作室,他们在大量寻访本地资源和本土专家团队以及整合各种文献典籍的基础上,重新点燃了东钱湖畔的第一缕窑火。他们的内心也都有一个梦想,这个梦想正如他们所言"一是恢复越窑当年最经典的时刻,二是把越窑青瓷重新推向世界","将古代越窑的经典与完美在现代意义上进行延伸,从越窑瓷的器具中抽象出当代人所能感受到的瓷的美感,聚集所有可能的元素,回到传统手工造瓷复杂多样的过程中"。

　　也许,在不久的将来,如应培明所愿,东钱湖畔会建立起一座越窑青瓷博物馆,重新还原出一段辉煌的历史与文化;亦如甬尚越窑青瓷团队梦想的,复兴的越窑青瓷,融入古典美感和现代创意,重又走入千家万户的生活,重又沿着21世纪海上丝绸之路走向世界。

【三】

枕湖而居

一、下水村与史氏家族

> 行李萧萧一担秋,浪头始得见渔舟。
> 晓烟笼树鸦还集,碧水连天鸥自浮。
> 十字港通霞屿寺,二灵山对月波楼。
> 于今幸遂归湖愿,长忆当年贺监游。
>
> ——【宋】史浩《咏东钱湖》

早晨雾气笼罩的树林一片迷离,鸦雀还安静地栖息在枝梢上;眼前万顷碧波连着天空,其间凫水的鸥鸟仿佛浮在一片空明中。

南宋淳熙十年(1183),曾任朝廷丞相的史浩致仕归乡,从都城临安出发,山一程,水一程,大约是一个秋天的早晨,终于回到了阔别已久的东钱湖。

从此不必再在宦海中沉浮,那些关于家国的操心事仿佛从此可以不

下水古村

必再挂在心上。看见湖上荡漾的渔舟,卸下一身重担后史浩的内心无比轻松,自己心里深藏的愿望,终于在此刻得到满足,可以像当年的贺知章一样,在一个人的晚年纵情于故乡的山水间,安抚自己业已疲惫的身心。

史浩的老家下水村在东钱湖的东南岸,从城里的官道下来,到东钱湖的北岸,坐船便能抵达。

那天史浩坐在船上,穿越湖心时,又看到了梦里熟悉的风景:美丽的二灵山,与二灵山隔湖相望的月波山脚下的古老的月波楼;晨钟暮鼓的霞屿寺,在湖心小岛上宛如仙境;还有那清幽的十字港,那是回家必经的湖上水道呀。

回到故乡的史浩晚年徜徉于湖山之间,扁舟短棹,逍遥自在,自誉为神仙中人。他在《浣溪沙》中写道:"青箬一樽汀草畔,霜筠数曲渚花边,更于何处觅神仙?"他在晚年写下的很多诗词都道出了他内心那种生命自在的喜悦,如《永遇乐》中写道:"如今醒也,扁舟短棹,更有篮舆胡倚。到处为家,山肴社酒,野老为宾侣。"

南宋丞相史浩故里

的确,他在内心深处也可以告慰自己了。不仅仅是逍遥湖山的晚年生活,更是因为自己在朝时已经为这个多灾多难、偏安一隅的国家尽了自己最大的努力。进士及第,勤勉为官;不阿谀权贵,一心辅佐朝廷;行事沉稳,眼光长远,为南宋史上唯一的"乾淳盛世"奠定了基础。

在艰险的官场里,他顾不上个人荣辱,首先提出为岳飞冤狱昭雪。在史浩的策划下,孝宗继位后便为岳飞平反昭雪。隆兴元年(1163)七月,岳甫上奏朝廷,请求发还岳飞生前江州的田宅。七月十三日孝宗下诏,追复岳飞和岳云的官爵;十月十六日,追复少师、武胜定国军节度使、武昌郡开国公,食邑六千一百户、食实封二千六百户,依官礼改葬,岳飞的子孙也都特予录用。孝宗还将岳飞遗骸以礼改葬在杭州西子湖畔的栖霞岭上,至此岳飞一案完全平反昭雪。

在风云变幻的时世里,他一眼识破当时金国的"奸人诈降"计。在一个积贫积弱的时代,为了国家复兴,他竭力举荐人才,其中著名的有陆游、朱熹、杨简、陆九渊等人。

当然,他也为一个乡野小村里原本寻常的家族带来了巨大的声誉,使得史氏家族从此成为宁波名门望族,对当时的社会政治、文化产生了重要

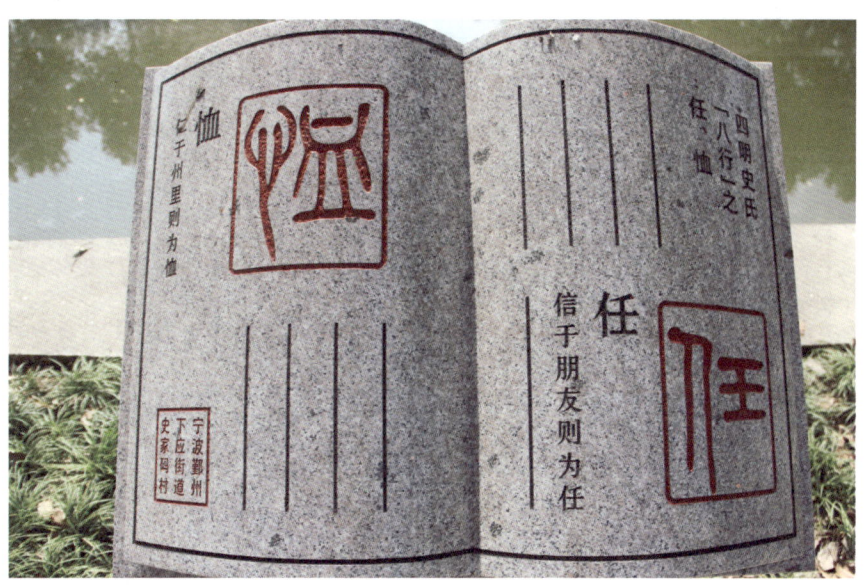

四明史氏八行祖训石刻

影响。尤其在短短的南宋一百五十多年间，史氏家族经历的师、水、弥、之、卿、孙六代，出现了父子同进士、兄弟同进士、三代同宰相的盛况，至今在宁波民间仍流传有"一门三拜相，四世两封王"、"五尚书、七十二进士"、"满朝文武，半出史家"的民谚。宁波月湖和东钱湖畔至今留存的很多文化景观都与史氏家族有着千丝万缕的关系。

许多历史的记忆倘若不翻书卷，你已无从想起。一座湖的背后，藏着怎样的故事，又和一个曾经辉煌的家族有着怎样的关联，倘若不去寻访，你便无从得知。

在一个河山被大幅度改造、村庄被大量拆迁的年代，所幸湖还在，诗歌里吟唱的那些山还在，南宋丞相故里——下水村还在。于是，在一个秋天下午，季节的最深处，当我沿着史志提供的线索来到下水村寻访时，便仿佛又透过历史的烟云清晰地看到了一个家族的历史背影。

一径崎岖通下水，风物人情更淳美。两椽茅屋何萧然，是即吾庐靠山起。

德行桥

如今的下水村还是像史浩笔下描述的那么清幽美丽，村里聚居的大部分依然是史家后人。据村里的史姓老人说，四明史氏出自江苏溧阳史氏，大约公元979年迁居东钱湖畔下水村。

史氏家族能从乡野崛起，首先得提及一位伟大的女性，那就是史浩的曾祖母叶氏。其丈夫史简英年早逝，年轻的她强忍忧患困穷，立誓守节，勤俭持家，把遗腹子史诏拉扯成人。而史诏没有辜负母亲的谆谆教诲，刻苦自励，恪守孝义，自觉践行朝廷推行的儒家士礼"八行"观——"孝、友、睦、姻、任、恤、中、和"，深受乡里崇敬。他的德行事迹被朝廷获知后，宋徽宗赐号"八行高士"予以表彰。叶氏的高尚人格和史诏的美好德行由此为史氏家族赢得了良好的社会声誉，也为史氏家族后来的兴盛打下了基础。

史氏家族在南宋崛起后，并没有因为一时的权势而忘记先祖的德行和训示。家族中的后世子弟无论在朝野为官还是在乡野为民，都始终恪守着做人最本分的道义，行事低调。比如，通过科举入仕的史弥坚因为三哥史弥远入相，就主动从朝廷枢密院检详任上回避，到偏远的地方上为官；史弥远的堂兄也是史弥远同科进士的史弥忠，当史弥远为相时，他就

史家码村史氏宗祠

要求退休；而史弥远为相二十六年，平时与他最亲密的堂兄史弥茂，却终身为平民，未曾在权力上得到任何照顾。又如，史嵩之的叔叔史弥巩，他是1217年的进士，但当他的侄儿为相后，也主动要求外放到地方上当差。

如今的下水村，还完好地保留着一些古老的家族建筑：古桥"德行桥"和祠堂"八行堂"等，依然可以让人隔着绵长的时光追思一个名门望族起家的道义根本。

然而，人生起伏，一如历史兴衰，一个家族的命运常常和一个时代紧密地捆绑在一起。南宋覆亡后，四明史氏家族慢慢走向衰败。为了避免改朝换代后政治上的迫害，一些家族成员开始外迁。

在后世怀古的诗歌中，你可以读到时过境迁之际一个家族的命运沧桑之感。明代万历年间首辅及诗人沈一贯前来寻访同为宰相的史浩儿子史弥远墓地时，感叹地写下：

> 落日低垂丞相阡，狐狸穿冢出平田。大碑已断无文字，惟有山僧说岁年。

清代诗人董沛也在诗里表达了一样悲凉的感慨：

> 丞相坟前野草枯，御题碑碣半模糊。不知此地牛眠老，胜似天童岭上无？

但一个家族的精神却永远不会逝去，永远不会被忘却。一个家族曾经的荣耀和恪守的祖训始终激励着后人奋斗不息。明清以后至今，四明史氏支系中又涌现出了不少优秀人物。

如今，迁居全国各地甚至旅居海外的四明史氏后裔经常千里迢迢来东钱湖畔的祖居地下水村和先祖墓地寻根祭祖，缅怀先祖的功业和德行，传承家族训示的精义。这是一种生生不息的生命精神的延续，这是一种家族美好信仰的召唤。

很多时候，在一部家族的变迁史中，你会看到一个民族的深刻文化内涵。

二、高钱村与钱氏家族

钱湖之北有青雷山，峰峦叠翠，春天的时候胭红粉白，绚烂如画；青山之北有西亭山，亦层峦耸翠，山下有古村叫高钱村。

高钱村，原名"皋前"，是唐末宋初吴越国丞相、明州（现为宁波）节度使钱亿的故里，现高钱村钱姓人家均为钱亿后裔。而钱亿的祖父则是唐末五代十国之一的吴越国的国王钱镠。

钱镠，生于唐大中六年（852），祖籍杭州临安，七岁启蒙，十二岁读《春秋》《武经》，十七岁习武，十九岁为生计贩运私盐，二十一岁从军，由于足智多谋又勇敢善战而屡获升迁。唐乾宁三年（896），钱镠平定叛唐

高钱村

称帝的董昌之乱,被唐王朝封为镇海、镇东节度使,统辖江浙一带。唐乾宁四年(897),唐昭宗钦赐钱镠俗称免死金牌的"金书铁券",后又册封钱镠为越王。

唐朝末年,天下大乱,群雄并起,朱温夺得皇位改国号为梁,并册封钱镠为吴越王。钱镠部下均劝钱镠拒绝封号并出兵讨伐,但钱镠为使百姓免于生灵涂炭之祸,使吴越地区保持和平安宁,就在众将面前折箭为誓,愿意世代归顺中原,以保国家统一和疆域太平。

这个保境安民、休兵息民的战略方针成为吴越国世代奉行的战略,"善事中国、保境安民","凡中国之君,虽易异姓,宜善事之"。吴越国后世继任者始终恪守祖训,先后尊后梁、后唐、后晋、后汉、后周和北宋为正朔,并且接受其册封。978年,越国末代国王钱弘俶为了避免战乱主动献土并入北宋,此时,吴越国立国七十二年。也因此,在钱氏家族执政的百年时间,吴越国能够避开战乱,对内广开言路和礼贤下士,唐末名家皮光业、罗隐等,都成为吴越国的重臣;同时重农桑,兴水利,著名的水利工程建设有整治钱塘江,疏西湖、鉴湖、东钱湖、南北湖、太湖、吴淞江等等。钱镠曾在亲撰的《筑塘疏》中感叹道:"况风气所凝,人才所聚,昔之汪洋浩荡,

杭州钱王祠

今成沃壤平原,东南水土长生,亦可以储精气之美,人文之盛。"而且减免苛捐杂税,深得百姓拥戴。他对外开拓海运,发展与日本、朝鲜等国的海外贸易和友好往来,使两浙之地在天下分崩离析、民不聊生的时代进入了一个相对和平繁荣、百姓安居乐业的发展时期,成为人间天堂。

吴越国历代先王功高德厚,赢得了历代朝廷尊重。钱镠去世后由朝廷特许在杭州西湖南沿建造钱王祠,唐、后梁、宋、元、明、清历代皇帝多次加封,袭封玉册金印、龙节虎符、金书铁券等,宋代编《百家姓》把钱姓名列第二(仅次于宋皇姓赵姓),清康熙钦赐"保障江山"金字匾额。

吴越国纳土归宋后,宋建隆元年(960),宋太祖赵匡胤授钱亿为节钺加金紫光禄大夫兼奉国军(明州)节度使,以示对吴越国宗族的信任。钱亿曾驻明州节度使19年,在任期间,不忘祖训,大有祖上遗风,也是勤政爱民,扶植农桑,兴修水利,重修它山堰,疏浚广德湖,促进了宁波地区的经济发展。宋乾德年间,钱亿退老于东钱湖畔青雷山麓的高钱,其子孙遂家于此,也因此有了高钱钱氏支系。

如今,高钱村留下的不少遗迹都跟钱氏家族有关。高钱村穿村而过的河流名叫"钱河"。高钱村尚存的一座老建筑"爱日堂"便是钱氏祖祠,

高钱桥（福寿桥）

系钱氏第十六代世孙钱文赞筹资建造，气势雄伟，结构古朴，用材硕大，雕刻精良，分前后三进、左右二厢，有东辕门、西辕门，太湖石铺地。厅柱左右有对联二副："一家半壁，三世五王"和"扬先人风范，勉后代德行"，堂正上方挂有钱镠祖像，上书文天祥所作的"千年之功德，百世之楷模"诗句。画像内又有民国初年中国驻美旧金山领事、钱氏后人钱文选为先祖所作的小传。

高钱村原还有钱氏宗祠"具庆堂"，建于清嘉庆年间，因太祖武肃王钱镠字"具美"，为颂扬他的丰功伟绩，故命名"具庆堂"。具庆堂原位于高钱钱河西岸北侧以及道冠山东麓，坐北朝南，分前后二进各五开间，规模宏大。正门左右设高大的石鼓一对，大门两边刻有门联一副，上联是"武肃勋名久"，下联是"彭城世泽长"，横批"铁券家声"。宗祠内天井宽阔，全用长方形石板铺设。正厅中央挂着康熙皇帝饮赐的"保障江山"金字匾额，匾额上双龙捧珠环绕上方的"圣旨"两字。1949年前后具庆堂曾被征作高钱乡中心小学用房，遗憾的是，70年代初，具庆堂被拆，如今已不复存在。

四季晨昏，时光流转，青雷山和西亭山青了又黄，黄了又青；高钱村

西亭山

也在岁月沧桑中经历了不少变迁，如今又遇城市化进程中的大规模拆迁，许多跟高钱村有关的人和事都像村庄上空的流云一样远远地散去，难以寻踪。在钱湖之畔众多的村落中，很少会有人知道这座已经被拆迁的村庄背后曾经辉煌的家族历史，很少会有人知道这座村庄以及有关的文化雅事曾在淡泊的岁月里慰藉过不少人的内心。

据青雷钱氏宗谱记载：北宋末年（1127），汴人武烈王高琼率家人南渡，其后裔高友文遂在青雷山隐居，与世居"皋前"的钱亿四世孙钱顷结为挚友，钱高二王后裔同居一地谈经论史，弦诵不绝，里人遂称"皋前"为"高钱"。高钱村由此也有了耕读传家、诗书济世的良好传统和浓厚氛围。

元泰定二年（1325），陆居敬和陆思诚两兄弟为实现父亲兴办义塾的遗愿，捐地在高钱村兴建了东湖书院，还请来了著名学者程端礼、程端学两兄弟到书院讲学。一时间，高钱成了当时的文化中心，前来求学听讲的人络绎不绝。程端礼、程端学也被高钱村的文化氛围和美丽风光深深吸引，程端学在《东湖书院记》中这样赞美高钱村："山围而献秀，水潆而浮光，舟行若乘气凌空，不知身在尘世也。"

拆迁中的高钱村

高钱村,还见证了不断前来此地寻访的诗人们的高歌与悲吟。

> 屡约湖曲游,良辰辄蹉跎。及今风雨夕,一苇凌寒波。遥遥度墟里,靡靡转坡陀。暂息泉上楼,倚栏频啸歌。此时知心友,愆期在山阿。俦侣傒之久,不复变如何?

那是六七百年前的一天,元代诗人戴良应友人之约,游赏钱湖。只是,船未行数里,忽然下起了大雨。而后,暮色四起,诗人和他的友人们泊舟西亭山下,接着上岸借宿在高氏墓庐中。墓庐是守墓人所居之屋,业已残破不堪,颓垣败屋,四顾萧索。但是,有了几位好友,有几盅酒,有几碟下酒的菜,还有美丽的西亭山做伴,亦足以度过一个愉快的夜晚。那天晚上,诗人和他的友人们或纵酒狂欢,或倚栏啸歌,人生的喧嚣和劳顿均在此刻烟消云散。只是遗憾的是,还有一个叫叶孔昭的好友远道阻隔,愆期在山中,未能赴会,着实让人想念。

诗人戴良是浙江浦江人,元至正二十一年(1361),任淮南江北等处行中书省儒学提举。元亡后,诗人不愿与新朝合作,于明洪武六年(1373),隐居宁波四明。中国的很多读书人心里常常有股犟劲,只认一个理。诗人隐居四明后,便以遗民自居,与谢肃、丁鹤年等歌哭于山中,慷慨激昂。但是,东钱湖的山水和高钱的那个夜晚永远铭记在了诗人的心中,那天晚上,多年来的忧郁和不快在心中一扫而光。诗人是多么奔放,谈笑畅饮,暂时忘却了世事变迁和人生幻变的烦恼。

只是没有想到,明朝的皇帝也想跟读书人较劲,下诏遍请各地有名望的读书人进京议事,谁抗旨谁就后果自负。高钱村的那个晚上过去没几年,也就是洪武十五年(1382),诗人戴良被召至京师。一年后,诗人在京师寓所自杀。

还有不少诗人都曾路过高钱,路过青雷山和西亭山,流连徘徊,留下了隽永的诗句。譬如,有一个叫袁士元的诗人前来高钱寻访朋友不遇,在湖畔写下了好几首诗,其中一首是这样的:

载酒东湖岁已阑,拟同朋旧醉开颜。长须吟客近入郭,多病老禅才出山。霞屿寺连寒水远,月波楼锁暮云闲。停舟自对梅花酌,雪压孤篷夜未还。

每次来到青雷山和西亭山,来到高钱,总会让人在历史幻变的光影里深深地想起在这里生发的那一段段古典的往事和心情。只是时光流转,前尘隔海,还有很多值得咏叹的事情终究湮灭在时光深处了。

夕阳西下,山上的草木一片萧瑟,高钱村残存的一些老屋依然透露着一段遥远的历史,时有寒鸦从树林中飞起又飞落,在空中划出一道道圆弧,像是一个抽象的生命轮回,昭示着人生的一种不可言喻的秘密。

忽而,有一种历史的惆怅从我的心中滋生,像春草般绵密,渐行渐远还生。

三、殷湾村与郑氏家族

殷湾是东钱湖北面的一处湖湾,殷湾村是其旁背山面湖的一座渔村。

村庄在暮色中渐渐沉寂的时候,湖上轻摇而来的渔船,在点亮的渔火中,撒网收网,捕鱼捕虾,依然辛勤地劳作。那是湖畔生活一日里的尾声,在宁静的夜里呈现着一种别样的情调。不少人儿时曾经有过的乐趣,就时常在记忆中和摇曳的渔火叠印在一起。那摇曳的渔火,照亮了一个村庄明天生活的希望。

渔火辉映的殷湾上,渔夫们有的在船上慢慢收网,有的拿起竹篙在船沿上轻轻一挥,那站立在船沿上的鸬鹚们便一个个扑棱棱地飞向洒满灯辉的湖面上,一头扎进水里,矫捷地追逐着鱼儿。渔夫有时会拖着长长的声调仿佛歌唱般地吆喝着湖面上扑腾的鸬鹚,有时会拿着竹篙轻敲着水面,那四溅的水花里会有鱼儿高高地跃起,在灯辉里抖洒开一片七彩的光芒。隔着茫茫的湖面远远看去,那渔火里映现着的撑着竹篙的渔夫和鸬鹚、船连同水中的倒影一起,成为湖畔生活里一道美丽的剪影。

记忆中的那盏渔火

    在渔事繁忙的时节，湖湾里渔船停靠多的时候，那景致就更为壮观。船头挂着的渔灯一盏接一盏地亮了起来，那红色的光晕在湖中投下的影子被拉得很长很长，随着涌动的波浪泛着一片又一片的光芒，迷离的样子，在清幽的湖畔之夜十分惊艳。

    这个美丽的景观被命名为"殷湾渔火"，为东钱湖十大景观之一。而且，这被命名为"殷湾渔火"的东钱湖经典人文景观里还藏着一个金戈铁马的传奇。相传以前，宋军和金兵开战，曾经打到东钱湖畔。宋军兵残马疲，退避在东钱湖殷湾附近沙洲的芦苇丛中。追赶而至的金兵来到殷湾，拐过山脚，突然看到满湾渔火闪烁，以为宋军大队援兵已到，吓得赶紧撤兵。这样的传奇里，可以想见当时渔火辉映的场景有多么壮观。

    时移世易，现在的殷湾渔村已经离开了它的渔业时代，湖湾上渔船停靠时桅杆林立、夜晚渔火辉映的场景也已经成为记忆，但是每当你走进殷

渔家生活的味道

湾村那悠长的巷弄,那深深的庭院和古老的祠堂,那传奇的家族故事和渔火里曾经闪耀的传说和诗歌以及村庄老人的深情讲述,一个村庄丰厚的文化底蕴又会清晰地呈现在眼前。

殷湾廿四间,是清早期建筑,为硬山顶重檐二层楼房,穿斗结构,由五开间东西楼、七开间南北楼组成,共计24间。建筑群内部有中、后天井两个,东、西各两间弄堂,南北两侧朝路面大小两个墙门。地面铺着的石板以及中天井周边的界沿石用料规格都比较高。殷湾廿四间所有的房门都对着天井,与福建南靖土楼内部格局相似,既体现注重通风和安全的建筑理念,也体现祈求家庭和睦向心的美好愿望。因此,当地人也称它为"东钱湖土楼"。

殷湾十四间为传统民居和西洋建筑风格相融合的民国时期建筑群,由五开间前后楼及南北两侧厢楼组成四合院,分前、中、后三个天井。天

郑氏宗祠

井二楼，暗红色杉木阳台沿着天井将整栋建筑的14间房全部贯通，民间俗称"走马楼"。在殷湾十四间里寻访，那风格一致的仿瓶式阳台栏杆、生动的檐下雕饰以及充满古意的花格门窗等都呈现着一种海派的洋气和精致。

　　沿着弯弯的巷弄走到殷湾村的中心地带，会看见一座素有"九进十明堂"之称的郑氏宗祠。郑氏宗祠初建于清朝，前门有石板广场，门前用石栏围护，还有一对高耸的斗拱旗杆，衬托出建筑的庄严。宗祠由门楼、仪厅、正厅及两侧偏房组成。门楼前墙匾额上书"源远流长"四字，显示着一个家族历史悠远的传统。仪厅和正厅均为五开间硬山顶，抬梁穿斗混合式，仪厅两侧设单间厢房两间，正厅前廊双卷棚，用料考究，建筑细节处雕刻精致。

　　正厅上悬挂的一块横匾，上书"庆袭槐堂"四个镀金大字。这匾额为南宋时期宋理宗御笔赐给丞相郑清之的，题名的背后有着一个家族古老的故事。

　　故事要从郑清之的曾祖说起。曾祖郑毂在北宋元符年间任鄞县助教。他在鄞县县治叫"大池头"的地方筑宅而居，宅院庭园内有一棵长得非常

殷湾廿四间

茂盛的槐树，因此郑宅又美称"槐堂"。后来，郑毂在东钱湖边上也置了田产。郑毂生有两个儿子，其一名叫郑章，另一名叫郑覃。建炎四年（1130），金人攻下明州，郑氏兄弟率族人及邻居逃出城外避难，途中不幸被金人所执。郑覃与夫人不忍屈辱，投湖而死。此后，郑覃的遗孤、年仅六岁的儿子郑若冲随伯父郑章来到东钱湖畔生活，并在伯父教诲下潜心读书。稍大后，返回城内与族内兄弟一道攻读学问。

淳熙三年（1176），郑若冲之子郑清之出生。郑清之少年时跟从楼昉学习，能写文章。嘉泰二年（1202），他进入太学。嘉定十年（1217），考中进士，调为峡州教授。郑清之足智多谋，很受当地行政长官器重。湖北茶商群集暴横，郑清之向总领何炳建议说："这些人很精悍，应该把他们编入军籍，紧急时可使用。"何炳马上下达招募他们的命令，来的人很多，号称"茶商军"，后来多次依赖这支军队。统帅赵方处事谨慎，平时轻易不说什么，但对于郑清之却信任有加，还特意为郑清之置办酒席，并让他的儿子赵范、赵葵出来拜见，希望郑清之能够教导他的两个儿子。

嘉定十六年（1223），郑清之任国子学录，后成为皇子赵昀的教师。宋理宗即位后，还常向郑清之请教。有一次，理宗问及外人对宫廷用度有所谤议，郑清之诚恳地奏对说："继宁宗之后，节俭的美德难显现出来。因为宁宗自己的日常供养就如同寒士，衣服多次洗涤，多次补衣服鞋子，陛下现在想使节俭的美德显著，必须超过宁宗才行。"理宗听后，高兴地采纳了他的建议。郑清之为皇上讲读《仁皇训典》，认为：仁祖的仁德宽厚使他表现得很英明，所以他能制定法度，国家也没有懈怠、不振奋的祸患；孝宗的英明来源于他本身的仁德宽厚，所以他能培养和鼓舞士气，国家没有特别严厉苛刻的风气。仁德宽厚和英明二者互相弥补，缺一不可，这就是仁祖、孝宗统治时出现盛世的原因。皇上非常认同他的见解，表彰了他。郑清之还进献给皇上《十龟元吉箴》，劝谏皇上要励精图治，一是要谨慎恭敬，二是要掌管学校，三是要崇尚节俭，四是要积极实践，五是要能定大局，六是要明辨善恶，七是要谨小慎微，八是要考察言论，九是要珍惜时间，十是要多办实事。

村庄巷弄

村庄巷弄

郑清之由于拥立理宗有功,深受理宗信任,平生两登相位。他在位期间,举贤任能,革故鼎新,协助理宗开创了端平之治。端平元年(1234),理宗亲政,郑清之也慨然以天下为己任,召回真德秀、魏了翁等很多贤才,共襄盛事。

宋理宗忧虑边疆的事,下诏让赵葵以枢密使的身份检阅军队,陈韦华以知枢密院事的身份统率湖、广二州,他们二人正在推辞,恰好郑清之再次担任丞相,对他们极力支持,凡是他们所要求的都尽力满足,赵葵、陈韦华就前去上任了。于是宋军在泗水等地作战,都取得了胜利。

郑清之心胸宽广,能够容纳异己。汤巾曾在论事时触犯了郑清之,郑清之再次担任丞相后,汤巾请求辞官,郑清之说:"你自己想当君子,让谁当小人?"就极力挽留汤巾。徐清叟曾经弹劾过郑清之,郑清之却任用他一起执政。赵葵视师一年多,请求辞官,皇上不知如何安排他。郑清之说:"不让他做丞相是不足以表达对他的酬劳的,陛下难道是因为我在丞相的位置上而不任命他吗?我一定不会因为赵葵任丞相就辞官,我愿意为左相,让赵葵为右相。"

郑清之处事公正,明察秋毫。各路盐额亏损,负责这件事的人都倾家荡产来偿还亏损的盐数。郑清之核实了那些违犯盐法的人并加以追究处置,受牵连的人都被免去了罪责,使很多人得以活命。长江沿岸的船税一向很重,郑清之一项一项地废去,如池州的雁义有"大法场"这样的税目,这部分钱分别归属各衙门,郑清之上奏请求废除它并追究那些从中渔利的人,那些分别归属各衙门的钱由朝廷补偿。皇上同意了郑清之的请求,消息传下来,郑清之正与客人饮酒,他举杯说:"今天饮这个酒特别痛快。"

郑清之和同乡史嵩之是朝中联蒙灭金的主要决策人。绍定六年(1233)十月,朝廷授权京湖制置使史嵩之派遣孟珙领军围攻蔡州。十一月,宋将孟珙带兵两万、米三十万担至蔡州城下与蒙军会合,而后成功全歼数十万金军,取得了辉煌的战绩。这次战役洗刷了百年之耻,南宋朝廷上下一片欢腾。郑清之和史嵩之的故乡东钱湖,也举行了盛大的庆贺活动,人们将抗金将领岳飞的神位请出来,为之建庙,以告慰其在天之灵。

三年以后,因政敌排挤,郑清之被罢免回了老家。宋理宗赐了一笔钱让郑清之修葺故里,还御笔赐"庆袭槐堂"四字,以褒扬郑氏家族。这便是今日殷湾村郑氏祠堂内"庆袭槐堂"之匾额题名的来历。

回到东钱湖后,无官一身轻,泛舟湖上,郑清之的心中无比喜悦,面对湖光山色和明月清风,他悠然吟来:

明月清风住钓船,新秋世界落诗编。渔翁若遣骚人作,肯食人间一点烟。

只是当时的东钱湖又面临着积葑淤塞之患,而时任郡守也是宁波历史上治水功臣之一的陈垲是郑清之的好友。在郑清之的建议下,陈垲决定实行买葑之策,疏浚东钱湖。东钱湖的百姓都纷纷响应,一时湖上船只往来,取葑浚湖,场面热火朝天。这让郑清之深深感动,不顾年迈,也亲到现场慰问。

到了元代，大池头郑宅渐渐衰败，郑氏后人相继迁离。明洪武年间，郑氏后人郑以玖率族定居殷湾村。清代，郑氏家族在殷湾村建祠堂，沿用"庆袭槐堂"。在漫长的岁月里，郑氏后人一直享受着御赐"庆袭槐堂"这一份荣耀。

岁月深处那古老的家族故事以及湖畔闪烁的渔火，总会撩拨起每一个前来寻访的人心中绵绵不绝的乡愁。尤其对于在东钱湖打马路过或前来寻访的诗人来讲，湖畔古老的村庄，湖湾深处的那盏盏渔火，是他们行旅之中最为怀念的风景。

"归来不觉黄昏后，回首渔灯两岸星"，在黄昏匆匆的归途中，前方的天空、田野和道路仿佛依然明亮清晰。然而行行复行行，蓦然回首，诗人却发现刚刚走过的殷湾已在夜色之中，那岸边的渔灯星星点点，点染起诗人内心离乡的愁绪。

"水阔烟深望渺然，霎时渔火满前川"，云水缥缈，夜色降临，当诗人寂寥漂泊的小船山一程、水一程，转过湖湾靠向湖岸的时候，忽然看到那片阔大的湖湾上满是闪烁的渔火，心中霎时涌起了无限暖意。

民国时候还有这样一位痴情的名叫张成的诗人，在东钱湖访客之后，他竟为了看殷湾的渔火，静心等候，迟迟不归。他在诗中记下了这段美丽的心情："且留夜景归迟看，三两渔灯点远汀。"渔火，这原本是水乡俗世劳作生活里寻常的景象，在诗人如歌的吟咏中，和朦胧的夜色，和苍茫的江海湖泊，和惆怅的归途，和思念的村庄，和人生的漂泊，和温暖的人情，交融在一起，已经成为中国诗歌史上一个经典的审美意象。

现在，那一盏盏温暖过我们双眼的渔火已经寂然远去。但当我们从涛声依旧的湖畔走过，当我们从曲曲折折的巷弄穿过，当我们重温那遥远历史中一个个古老的故事、一首首古典的诗歌，那一盏盏渔火仿佛隔世的乡愁，又在岁月的深处，在暮色四起的归途中，隐隐闪烁，勾起我们心中绵绵不绝的生命惆怅。

四、陶公村与忻氏家族

不到湖畔陶公山脚下的陶公村里,就不会知道江南的弄堂会是如此的蜿蜒、绵密和悠长。

大弄堂、小弄堂,宽弄堂、窄弄堂、长弄堂、短弄堂、主弄堂、次弄堂,彼此按着生活的逻辑,在湖山之间古老的时空里,自在地伸展而又繁复地交织在一起。

如果说建筑是凝固的音乐,那么这里的弄堂简直就是一部华美的江南丝竹乐,让你沉醉其中,忘却尘俗的喧嚣,忘却身后的时光,而重新记得的,会是生活本真的味道。

陶公村的弄堂向着山和湖敞开,生活向着弄堂敞开。在这里,少有禁忌,少有封闭,弄堂两边人家的门户和窗口连同他们的私家生活都朝向弄堂开放着。人们在公开的生活视野里一如平常地聊天、吃饭、劳作,这里的弄堂把人们生活的真实和心灵的坦诚演绎成湖畔最温暖的时光。

陶公村的很多人家还喜欢把自己的生活搬到弄堂里来进行。

主妇们在家门口的弄堂里择菜、洗衣,如果遇上对门或隔壁的邻居也坐在弄堂里干活,大家便又家长里短聊上了天。祖母给刚刚会走路的孙子孙女喂饭,也带到弄堂里,边走边喂,喂完一碗饭,也就从弄堂这头走到那头了。留长发的女人们会到弄堂的洗衣台上洗头,那里洗得痛快,不怕水溅了一屋子,而男人们有时也会大大咧咧地干脆在那里光着膀子只穿一条裤衩洗起澡来,不怕来往的人看。

老人们会把矮椅子矮桌子搬到弄堂里来下棋。这下可好,下班早的村民路过时,也会停下来观棋,人一多,就把窄窄的弄堂给堵住了。窄窄的那些弄堂,下雨天,对面而来的两个人举着伞,便会彼此问候一声,一个把伞举高,一个把伞放低,然后侧着就能过去了。

夏天在弄堂里乘凉,冬天在弄堂里晒太阳。早晨在弄堂的拐角处,摆上早餐摊头,大饼油条豆浆,那是喷喷香;晚上在弄堂靠湖的宽阔处,还会摆上各家的菜摊子,有蔬菜,有湖鲜,便又成了一个临时的小集市,方便

了各自的生活。

弄堂简直就成了家的另一部分。

谁家的收音机里咿咿呀呀地唱着越剧，柔美的唱腔在悠长的弄堂里千回百转；谁家淘气的小孩子正在弄堂里不知疲倦地追逐着童年自由的时光；谁骑着自行车在回家的弄堂口和转弯处"叮铃铃"地按响车铃；谁家在楼上屋檐下晾晒着的鱼干在阳光里散发着温暖的光芒；谁家在朝向湖的弄堂尽头的河埠头上勤快地洗着衣裳；谁家的厨房里正在做着烤菜年糕，那四溢的香味让每一个路过的人想起家的味道……

千折百转的弄堂是陶公村村落布局的最典型特征，是湖畔栖居最具人性尺度的审美空间，也是江南水乡最美的生活记忆。

其实，我们很多人的家，就曾在弯弯曲曲的弄堂边或是弄堂尽头的那个院落里；我们很多人关于故乡的记忆，就缺不了"弄堂"这个重要的空间意象。我们的童年和少年，上学和放学，离乡和返乡，就在穿越一条又一条的弄堂之后，渐渐地成为自己生命中可待成追忆的往事。

我们从老人和父母的讲述里得知弄堂尽头的家族宗祠里承载着一个家族的光荣历史，我们也记得许多故事总是先在弄堂口或弄堂边上发布

陶公村

和流传,一个村庄的美好记忆总是会烙上弄堂的深刻烙印;我们还记得自己在一条窄窄的弄堂里和所喜欢的女孩子相遇,然后擦肩而过,一个人的年少时光就是在那里镌刻下无尽的惆怅和美丽。

沿着陶公村的弄堂慢慢地走,无论你是走向湖岸,还是亭台,还是古老的院落,那悠长悠长的弄堂,都是我们心中返乡回家的必经通道。

绵长弯曲的弄堂还连缀起聚居在此地的很多家族群落,大家彼此和睦地相处,通过弄堂友好地交往。从陶公村最西边的弄堂口开始走进去,两边的门牌会告诉你此处家族聚居地的消息。先是王家,过了王家是朱家,过了朱家是余家,接着是许家、忻家、曹家、史家,仿佛沿着弄堂再往下走,就是你们家姓氏的聚居地。在弯弯的弄堂里慢慢地走,你会看到故乡的影子。

每一个姓氏、每一个家族背后都有厚重的历史。如果你去那里寻访,村里的老人会热情地带你去参观他们家族华丽的宗祠,自豪地给你讲述他们家族不寻常的历史故事。

比如忻家。忻氏是稀见姓氏,传说这里的忻氏人家是春秋越国大夫范蠡之后。相传春秋时期,越国大夫范蠡帮助勾践复兴越国,灭吴称霸。

弄堂弯弯

然而,狡兔死,走狗烹,历史总是走不出这无情的权力争斗的怪圈。越王勾践在称霸之后,开始对开国功臣大开杀戒。范蠡并不贪慕富贵利禄,早已视功名若浮云,在越王残杀功臣时,悄然隐退,偕同美丽的浣纱女西施,避居到了东钱湖伏牛山中。他时常身披蓑衣,垂钓湖畔。因范蠡晚年自号陶朱公,后人为了纪念范蠡就把他居住过的湖畔伏牛山改称为"陶公山"。还有一种说法是按村里老人所言,陶朱的意思就是"逃诛",就是逃离政治杀戮的险境。

现今浙江富阳万市村忻氏宗族一脉还完好地保存着自己宗族的家谱,其中的序言写道:"范蠡灭吴后,隐居四明东田湖,取名陶公山,自号陶朱公,改姓为忻,至今宁波忻氏独盛。"家谱中还绘有先祖范蠡的画像。家谱中提到的"东田湖"就是指宁波东钱湖,亦称东钿湖;"田"和"钿",两字在方言里发音一样;"钿"和"钱",则意思一样。

至于为什么范蠡的后代改姓为"忻",在村庄里至今流传的有这么两种说法：一种是因范蠡后来经商，"忻"字就是指心中要有斤两，做生意要恪守自己的良心道德。另一种说法是范蠡归隐之后，看到欢笑嬉闹不知忧愁的孩子，顿时想起一个"忻"字，忻字古同"欣"，于是改姓为"忻"，亦有希望家族欣欣向荣之意。

光绪三十年（1904）末代进士忻江明就是陶公村忻家人。与忻江明同年考中进士的还有沈钧儒、江亢虎等人，在当时皆颇有声望。忻江明早年曾在安徽桐城、亳州等地为官，防荒救灾，兴修水利，维护治安，政绩卓著；晚年潜心修文撰书，尤其是参与了张寿镛发起的著名乡邦文献郡邑类丛书《四明丛书》的编纂和刊刻，为地方文脉的传承做出了巨大贡献。

每一个家族的历史里总有不平常的故事，或辉煌，或传奇，成为一个家族世世代代怀念、维系和凝聚的共同精神背景。陶公村忻家，作为国内忻氏最大的集聚地，不久前，还举行了忻氏家族联谊大会，数百位忻氏宗亲代表从全国各地来到陶公山脚下，然后一步一步穿越长长的弄堂来到忻氏宗祠，祭祀先祖，共叙乡情。陶朱公是中国儒商之鼻祖，被后人尊称为"商圣"，而如今忻氏后人不少外出谋生，经商兴业，也闯出了自己的一片世界，其中还有不少人漂洋过海侨居新加坡、美国等地，小小的陶公村就有侨眷30多户。为庆祝这次联谊活动，陶公村还举行了传统的湖畔"划画船"比赛。所谓"画船"，就是龙舟，旧时每逢农历九月十一东钱湖庙会，湖上会举行龙舟赛，以示对传统精神的沿承和美好生活的祈盼。

陶公村以及陶公岛上还留有许多范蠡和西施留下的遗迹和美丽传说，如陶公钓矶、陶公洞、陶公潭、陶公祠、望鱼跳、上乘庵、纺花山、一本潭等等。

尤其是范蠡经常垂钓的牛头渚，题名"陶公钓矶"，是东钱湖十大胜景之一，多少年来，吸引着无数诗人前来寻访和凭吊。

> 霸越平吴此息机，蓑衣终日坐鱼矶。一竿风月高名在，千古江山旧事非。春雨荒台苔藓合，夕阳古渡钓船归。探奇欲试登临兴，流水无情白鹭飞。

这是明代诗人洪性写的一首诗。他也和很多人一样，来到了陶公村，来到了陶公钓矶，来怀想一段久远的传说，感悟曾经的历史沧桑。刚刚下了一场春雨，钓台旁边的荒草添了几分青色，而台前石阶上的苔藓也似乎在雨水的滋润下，正鲜活地衍生开来，点缀出时光背后的那份坚韧和遒劲。时光不早了，太阳慢慢下了山，远处的渔船收起了渔网，也慢慢地向岸边摇来。浪涛轻轻拍打着钓矶前的岸阶，像是历史远去的跫音重现，忽而，有几只白鹭翩然飞过。

钓台依旧，钱湖依旧，然而其间的世事却又历尽多少沧桑。正所谓"青山依旧在，几度夕阳红"，历史凭吊的忧伤和物是人非的怅惘是多少诗人心头缠绕不解的情结。流水无情，诗人洪性的心中不由得一声长叹：又有多少人会像范蠡一样，真正地把世俗功名看得明明白白、真真切切呢？

清代有一个名叫董沛的诗人也曾追寻着古人的脚步来到东钱湖。他约弟弟一起荡舟湖上，不经意间，船过了陶公钓矶。面对着岸边荒芜的钓台，他又想起了古人的那些隐逸的事，也不由得在心中发出了同样的咏叹：

> 最上高峰接翠微，回环石径荷樵归。陶公去后无人隐，冷落青山旧钓矶。

其实，古往今来，真正能够将隐逸当作自己归宿的人少而又少，隐逸常常只是很多人失意时候的一种逃避和幻想。陶渊明也好，王维也好，隐逸并不是他们人生的终极目标；他们的内心也曾慷慨激昂，也曾焕发绚烂过，只是在一个身不由己的年代，隐逸常常成了一种最无奈的选择。有时，我们会不经意间误读一段历史，将历史的悲凉过多地误解成一种潇洒和诗意。

然而，也有时，我们需要这种误读，在历史的困境中，当我们走投无路的时候，我们需要一种典范和精神来慰藉自己的心灵，并来坚持一种操守。于是，我们可以暂时忘却人间是非，可以像李白一样，在郁闷的时候

忻氏宗祠

高呼:"人生在世不称意,明朝散发弄扁舟。"

这样,我们就给自己留了一条路。我们可以像范蠡一样,在想象中,完成自己的角色转变,变成东钱湖的一个渔翁,在茫茫江心小洲上,惯看秋月春风,笑谈古今事。清代的另一位诗人李邺嗣就一言道出了我们仰慕和追怀古人的那段内心隐秘:

> 此地陶公有钓矶,湖山漠漠鹭群飞。渔翁网得鲜鳞去,不管人间吴越非。

也因此,"渔翁"一词就成了中国文化史上的一个重要意象。而"钓矶"或"钓台",就成了中国人心中一个极具号召力的诗性空间。当我们遍览祖国大好河山时,我们会惊异地发现,除了东钱湖,在国内的许多地方,都有着一个名叫"钓台"的地方。清代的文学家严懋功也曾经说过:自古名胜以钓台命名繁多,陕西宝鸡渭河南岸之周吕尚钓台;山东濮州之庄周钓台;江苏淮安汉韩信钓台;福建闽县之东越王馀善钓台;湖北武昌县江滨之吴孙权钓台……

在一个秋天的黄昏,我又来到陶公山寻访陶公钓矶的遗迹,依然徘徊而不知其遗迹所在。我只是在一个巷弄转角处的岸边看见一老妇在静静地洗着衣服,洗衣的棒槌在挥动之间发出清脆的响声,而岸边一座旧亭的歇山式顶上长满的檐草则在风中摇曳着时间的光芒。

我蓦然想起陆游的那首《鹊桥仙》:

> 一竿风月,一蓑烟雨,家在钓台西住。卖鱼生怕近城门,况肯到红尘深处?
>
> 潮生理棹,潮平系缆,潮落浩歌归去。时人错把比严光,我自是无名渔父。

韩岭古村

五、韩岭村与金氏家族

在钱湖南岸,有一个名叫韩岭的千年古村,一直像一个昨日的清梦在我们的心中轻轻晃悠。

这是一座美丽的村庄,依山傍水。韩岭村坐落于东钱湖南岸,处在福泉山与金峨山两条余脉所形成的山谷之间,自山际流淌而来的潺潺溪流滋养着这个古老的村庄。

一条溪流自韩岭茅岭墩而下,从龙门桥头入村,时而穿越暗渠,成为暗河;时而傍街而流,成为明溪,流至下街成为街河,把下街分为两半。一条溪流自韩岭狮子岩而下,流经后街,从鉴湖桥注入东钱湖。而且,村庄后街三岔路口还有一座"小沙井",井水冬暖夏凉,甘甜可口,即使是天气干旱至湖底开裂,它也是永不枯竭,流泉不断。

这一座水滋养着的村庄自然风光十分迷人。钱湖十景,它就占了"百步耸翠""上林晓钟"二景。而且旧时,韩岭村本身就在诗人们的寻访中形成了自己的"韩岭十景":狮岩夕照、柴场晓市、上庵晚钟、龙门溪声、大溪观鱼、花桐古迹、鉴湖秋色、岭南残雪、象峰清泉、古井流芳。

这是一座因市成名的村庄。韩岭村地理位置独特，为以前自塘溪、金峨、赤堇、梅山、咸祥、大嵩、瞻岐、松岙等沿海村镇过东钱湖至宁波的必经之地，是人、货水陆中转枢纽。村里老人讲述道："民众和物资都是乘航船从中塘河至莫枝村，船行过东钱湖至韩岭的下步滩上岸，再换乘骡马走古道翻山，进入咸祥等滨海地区。"由于是交通要道，韩岭村就自然形成了古老的集市，俗称"韩岭市"，历宋、元、明、清直到民国长盛不衰。每逢农历五、十的赶集日子，山民、农民和渔民都从四面八方赶过来进行贸易。天没亮，韩岭老街上就已经是人声鼎沸，沿街则摆满了山货果品、水产蔬菜、猪牛羊肉等各种来自山里、平原、湖畔及海边的物产，至下午，集市才慢慢散去。由于繁荣的"韩岭市"声名远播，故久而久之，"韩岭市"也成了韩岭村的代称，老人都将韩岭村叫作"韩岭市"，而且至 20 世纪 50 年代时邮政局的邮戳上盖着的也是"韩岭市"，后来地图、书刊中标明的也是"韩岭市"，甚至台湾、香港同胞以及新加坡等国家的侨胞来信，也大都把故乡称作"韩岭市"。

穿村而过的韩岭老街就见证了韩岭集市曾经的兴盛。韩岭老街长约 600 米，用鹅卵石砌成，分为上街、中街和下街。集市鼎盛时，街两旁大小店铺多达上百家。上街多是小店铺，销售烟酒火柴等零杂用品；中街多为老字号，有名的如金长顺、施乾泰南北货号，养生堂国药铺，合利、万顺咸货店，元成肉店等。下街多为杂货店，有洋布百货店、染坊、理发店、酱坊、打铁坊、箍桶店、小客栈等。

尽管曾经的繁华已如烟云散去，在韩岭临水的老街上行走的时候，依然可以听见曾经热闹的市集声，看见一幅古典江南的盛世图景。这时，仿佛发现隔世的乡愁像一朵美丽的莲灯自溪的上游悄悄地漂流而来，搁浅在刚刚驻足的石埠头边。而后，俯身捞起，静静凝望，晕黄的灯光便在刹那间照亮了眼眸里沉淀已久的那一段前朝旧事。

除了依稀可辨的老店铺的门面，韩岭老街上还有一座古老的门楼，上书"金氏门楼"四个大字，原来镶金的鲜丽底色已在岁月的风雨中悄然淡

金氏门楼

去；但是韩岭大姓金氏祖上金氏兄弟的故事却依然在村庄每一位老人的叙述中生动依旧。

金氏门楼据说是明朝兵部尚书金忠及其哥哥即人称"白云先生"的金华所居之处。

金忠，字世忠。少时好学，尤其喜读《周易》，及至成年，则已精通占卜之术。后来金忠北上通州代替病殁的兄长戍守边境，接着又流落北平市肆卖卜，被燕王朱棣的重要谋臣僧道衍推荐给朱棣，给朱棣卜得"铸印乘轩"之卦，因而深得早有夺位之意的朱棣信任。之后，金忠时常出入燕王府，并劝朱棣"速举大事"。朱棣举兵夺位成功之后，金忠便受到封赏，历任礼部右侍郎等职。金忠为人宽厚，并且乐于称道别人的长处。相传金忠还没有显贵时，曾遭人凌辱。金忠在朝廷任职后，曾羞辱过他的那个人恰好以下属官吏的身份来到京城，当得知金忠在朝为官且深受皇帝信任时，吓得面无人色。然而金忠却不计前嫌，仍旧客观地考虑到这个人的才能而荐举任用了他。

金华，因其弟金忠辅佐有功，也曾被明成祖朱棣召至京城做官。但金华无意仕途，而且对弟弟辅佐朱棣夺位之事很有看法。后来明成祖赠给他金银绸缎，他又拒绝了，声称"布衣野人，不敢用此"，弄得朱棣十分难堪，便称他为"迂叟"。金华听后十分坦然，索性便自号"白云迂叟"，当地人则叫他"白云先生"。从京城回来后，金华便在老家韩岭深居简出，常以诗酒为乐。

这才是真正的隐者，心中始终怀着道义。并无苦难的折磨，而能将功名看破；有着门庭的显耀和朝廷的封赏，却能将富贵放下。

在业已黯淡颓旧的金氏门楼前，我常常会想象金华从京城走回家的心情是多么的愉快。归去来兮，无论是坐船，还是骑马，我想他的心情一定像那摇动的桨，荡开一圈圈自由的涟漪；又像那达达的马蹄，踏响生命的喜悦的回音。

皇帝那一句"迂腐的老头"以及一同哼出的那一声嘲笑，金华早已抛在脑后，而故乡门口的那一汪湖水以及湖畔的依依杨柳的一片春色在心头却是那么的明丽和灿烂。我就是迂，我就是不识相，我就是不买账，我只是想过自己清静而又真实的湖畔生活，像一朵白云，自由自在。

只是，金华的诗文大都失传，只在一本古老的地方志里留下一首七言绝句《湖上》：

湖头蜂蝶共寻春，只有啼鹃最恼人。便与黄莺一样打，无人识得是君臣。

这是金华回归故里泛舟湖上的自在生活的一段存影，其间依然可见白云先生当年淡泊功名和渴望自由的那种闲云野鹤般的心情。

其实，这样的心情背后更是一种洞悉和超越，世人常以之为"迂"，但"迂"的背后隐含的却是一种慷慨激昂的情怀和洒脱不羁的风姿。他在八十多岁时，一日看宋史《岳飞传》，看至"王伦附秦桧"，不禁顿足拍案，长叹而死。

那是一种怎样迥异于世俗生老病死的告别姿态！每每在史志里读到白云先生的这段生命细节，内心总是充满了一种无言的感动，几百年前的

金华墓

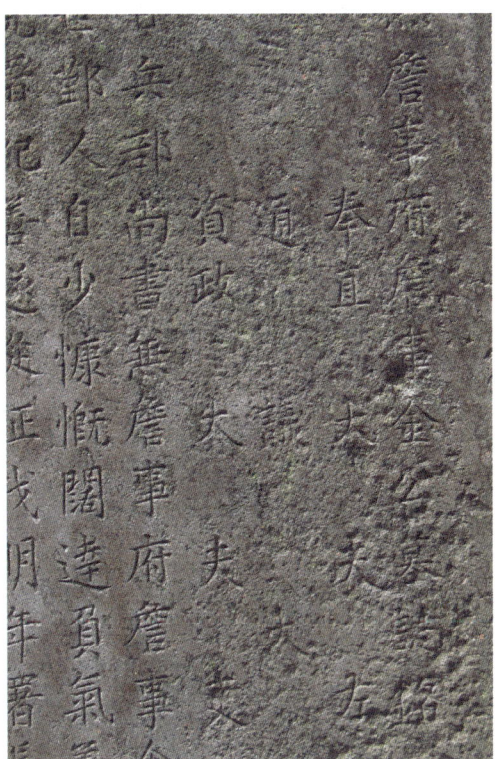

金忠墓志铭碑

金忠墓葬群文保碑铭

那铮铮风骨总是在一种绵软的后世生活里挺起我们的精神脊梁。

金华去世后,葬在故乡美丽的百步山中,在如今茶亭村背后一个名叫"凤凰窠"的地方,背山面湖,与钱湖日夜相伴。他的墓碑题刻一如他生前的处世风范,无名无姓,仅写"明赐白云迂叟墓",依然不改其不羁的性格。清人李邺嗣在《鄮东竹枝词》赞颂金华先生道:

  肯向王家受尺缣?湖头到处狎凫群。纵然靖难功臣贵,不及先生一片云。

其弟金忠去世后,朝廷诰赠荣禄大夫少师,赠谥忠襄,亦葬于其兄金华墓地之旁。如今墓地虽是荆棘丛生,墓道附属建筑和石刻的石构件撒落满地,但整个墓道尚存完整。明朝大学士杨士奇为之撰写题刻的墓碑依然完好无损地矗立着,在日日的流光幻影中见证着历史命运

金雅妹

的沧桑变化。

韩岭的金氏家族在近代还走出了中国第一位女留学生金雅妹。

金雅妹（1864—1934）出生于韩岭。父亲是宁波耶稣教长老会的牧师，与1844年来甬的美国北长老会传教医师麦嘉谛博士交情甚笃。金雅妹的童年很不幸，刚满两岁半时，她的父母因患传染病去世，从此她就失去了双亲。麦嘉谛博士和夫人见她孤苦无依，故收为义女。麦氏在宁波等地传教施医历时28年，一度还出任过驻宁波领事；1872年，他离开宁波去日本担任东京帝国大学法律兼博物学教授，便携带年仅8岁的义女一同前去。金雅妹的少年时代是在日本东京度过的。身处异国他乡的金雅妹学习十分勤勉，不久就较为熟练地掌握了日文和英文。"工欲善其事，必先利其器"，这为她之后学习科技文化知识奠定了基础。义父麦氏非常关心支持金雅妹的学业，决定送她去美国的大学深造。于是，刚满18岁的金雅妹就从日本启程前往美国留学。当时，无论是政府选派官费留学还是自费出国留学，尚无女生赴国外留学的先例。据目前可查的资料，可以这么说，金雅妹是第一位在国外大学深造的中国女留学生，也是中国第一个女大学毕业生。

金雅妹抵美国后，进入著名的纽约大医院附属女子医科大学。她在老师的指导下，虚心好学，积极思考，不仅认真学习书本知识，而且十分注重实验和各种医疗器械的使用，故深受老师们的好评。她在紧张的学习中度过了四个春秋，学习成绩一直名列前茅。1885年5月，她以班上第一名的优异成绩毕业于纽约这所著名的医科大学，成为最早毕业于美国大学的中国女留学生。毕业后金雅妹曾先后在纽约、佛罗里达和华盛顿的一些医院里工作。她理论知识扎实，实验技术精湛，尤其在利用显微镜方面成果显著，1887年纽约《医学杂志》刊出了她的学术报告《显微镜照相机能的研究》，引起同行专家的重视。她还在美国的一些医学杂志上发表过《论照相显微术对有机体组织的作用》等学术论文，提出自己在医学方面的独到见解和医疗化验技术上的新探索等，在当时的纽约医学界负有盛名。

1888年底，金雅妹学成归国。怀着要用学到的先进医学科学知识和医疗技术报效祖国的愿望，她一回到国内，就立即投身于医疗事业，决心尽自己的力量解除同胞们受疾病折磨之痛苦。她先后在厦门、广州、成都等地开设私人诊所，由于她医德高尚，医术精深，对病人态度和蔼可亲，故深受病人欢迎，前去求诊者络绎不绝。经过她的精心治疗，不少病人康复如初，许多患者转危为安。1907年，她受天津市政府的聘请任北洋妇科医院院长；次年又主持天津医科学校，并亲自任教，潜心致力于医学教育事业。在担任该校校长的8年中，金雅妹将在国外学到的近代医学科学知识，以及行医20多年中所取得的丰富的临床经验，都无私地传授给学生，因此深受学生们的欢迎和爱戴。而且，金雅妹经常利用业余时间亲自带一批人去北平市（今北京市）孤儿院进行试点，参与救助孤儿的社会公益事业。

1934年3月4日，这位杰出的女医生因患肺炎在北平医学院附属医院与世长辞,享年70岁。曾与她一起工作过的美国著名医生、林巧稚大夫的老师马克斯韦尔撰写了悼念文章,发表在英文版的《中华医学杂志》上。文中称颂金雅妹是"技术精通的显微镜照相专家、国际医学界的一位著名专家、伟大而独特的女性","她是一位经历了如此之多的痛苦和不幸的女性。这个世界对她过去似太无情。更为重要的是,她竟因而为这个国家的孩子和工人的利益做了很多工作,直到生命的尽头"。

岁月深处藏着的一个个感人的家族故事使得寻访者在途中遇见一座村庄时,生起对于岁月湖山、历史人文的无比敬意。

【四】 山水之约

隐学山

一、寂寞隐学山

在历史杳渺的时空中,东钱湖最华美的绽放是在宋朝。

当我们中的很多人站在东钱湖畔抚今追昔的时候,无论是王安石疏浚东钱湖,还是史氏家族"一门三宰相,四世两封王"的门庭荣耀;无论是石刻墓葬精美宏大,还是普陀洞天的神秘清幽,心中所怀想的故事大都只是上溯至宋代为止。

因而,东钱湖会在后世的描述中显得有点浅显或单薄。很多人常常会在东钱湖游览的时候匆匆而过,而忽略了东钱湖原本久远而深邃的历史积淀。

东钱湖西岸的隐学山是寂寞的,隐学山上的徐偃王墓是寂寞的。很少会有人知道东钱湖的人文景观历史可以追溯到遥远的西周时代,很少会有人知道在中国的早期历史上以"仁义治国"著称的徐偃王会把他国亡之后的人生中最后那段岁月交付给东钱湖畔那座并不起眼的隐学山。

隐学山附近的村民对隐学山和隐学寺并不陌生,但是,谈及徐偃王,大都摇摇头说不知道。前去隐学山寻访,尽管荒草离离,山径难辨,但一旦走进这荒凉而又古老之地,历史一下子在这座城乡公交车日日经过的山边拉近了心灵对话的距离。

关于徐偃王故事的历史版本有好几个。

一说徐偃王以仁义治国,对诸侯和百姓均以仁义相待,有不少诸侯向他朝贡臣服。后来周穆王命造父联合楚文王进攻徐国,徐偃王怕伤及无辜,主张仁义不肯战,遂败逃,数万百姓感其义而跟随。

一说周穆王时,由于徐偃王好行仁义,国力强盛,来归者日增,影响日大,于是周穆王心中忌惮,以徐偃王"僭越"称王、"逾制"建城等为由,"乘八骏之马,使造父御之,发楚师袭其不备,大破之,杀偃王。其子宗遂北徙彭城武原山下,百姓归之,号曰'徐山'。"

而在《淮南子》中,则有一场背后算计徐偃王的阴冷的对话:

> 昔徐偃王好行仁义,陆地之朝者三十二国。王孙厉谓楚庄王曰:"王不伐徐,必反朝徐。"王曰:"偃王,有道之君也,好行仁义,不可伐。"王孙厉曰:"臣闻之:大之与小,强之与弱也,犹石之投卵,虎之啖豚,又何疑焉!且夫为文而不能达其德,为武而不能任其力,乱莫大焉。"楚王曰:"善!"乃举兵而伐徐,遂灭之。

历史的主要情节是相似的:那就是徐偃王以仁义治国,深得民心;只是在暴力和阴谋逞能的年代,徐偃王的仁义防线不堪一击,不得不从历史的舞台上悄然隐退。

历史上关于徐偃王的结局也众说纷纭。有史籍记载说他死于彭城武原县(今江苏徐州邳县)东山;但据一些典籍如《郡国志》《太平寰宇记》《大明一统志》等记载,徐偃王不是败退彭城东山而被杀,而是南逃浙江,而且说其在临终前感叹历史的无情和命运的捉弄,叹曰:"吾赖文德而不修武备,好行仁义之道,而不知诈人之心,以至于此。"

隐学寺

在浙江,很多地方都有着跟徐偃王相关的历史遗迹。除了宁波东钱湖畔的这座徐偃王墓之外,嘉兴有徐偃王庙及墓,舟山有徐偃王宅,衢州、龙游有徐偃王祠,象山、湖州有徐偃王墓,而徐偃王遗址在古黄岩(包括路桥、温岭)的记载则更为详细。

真真假假,虚虚实实,历史在这时忽而变得扑朔迷离。

沿着隐学山蜿蜒的山路登攀而上,山脚低坡处有座隐学寺。隐学寺建于晚唐时期,前身就是当年徐偃王弃国出走而在此潜心修学的隐学书院。宋大中祥符二年(1009)赐额"栖真寺",后仍改名"隐学寺"。明代鄞人陆学在一个秋日前来寻访隐学寺的时候,古寺遗迹满是一种荒芜感。陆学在《隐学寺》一诗中写道:

　　谷口秋云薄,芙蓉一水香。荒台凝露白,残碣护苔苍。事去留陈迹,人来对夕阳。百年回首意,欲别更凄凉。

如今,一度败落的隐学寺已修葺一新。寺内存有一方宋代古碑,一面刻有《隐学栖真教寺净发成记》,系崇宁元年(1102)立;一面为《隐学山

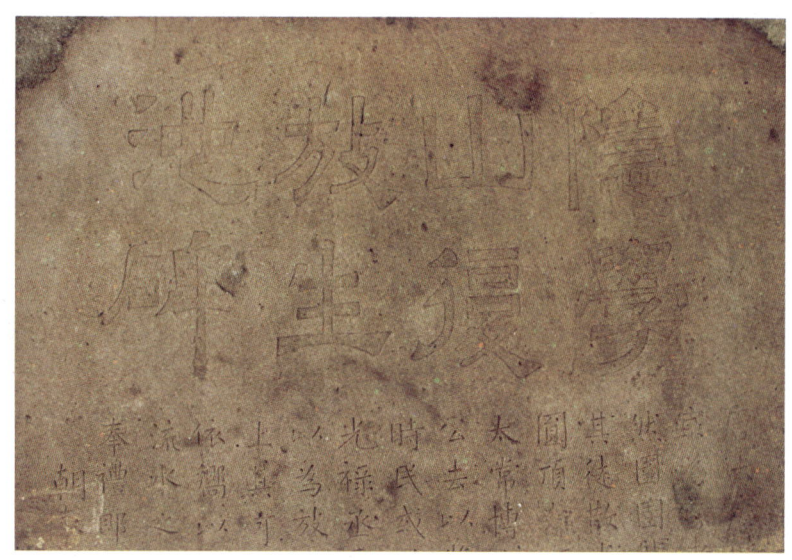

隐学寺内放生池碑碑文

复放生池碑》,款记为"绍兴十九年(1149)己巳"。寺内还供有徐偃王的神位,大殿东侧厢壁上张贴的寺志资料中还写有徐偃王的故事。

徐偃王的墓地就在隐学寺背后的山腰处。元代诗人徐本原在几百年前就造访过徐偃王墓地,追怀往昔,凭吊偃王生平事迹,咏叹历史命运无情,曾写有一首长诗,诗的结尾部分是这样的:

山以隐学名,上有栖真祠。翁仲翳草莱,再拜空嘘嘻。辽鹤竟不返,祔葬冢累累。子孙繁且衍,谱牒能相贻。零落千载下,恻然起遐思。

一张民国时代的老照片,可看到徐偃王墓恢弘的旧影,墓碑高大。那张照片,还记录了当时鄞县县长陈宝麟和县政府部分工作人员瞻仰徐偃王墓时一起合照的影像。如今,徐偃王墓已非老照片中看到的那么古朴而又有气势,而是新修葺过的一座小小的墓冢。

我们从内心里真的愿意相信甚至渴望这里才是徐偃王真正的归宿地。隐学山附近有个村庄,名叫"前徐"。全村居民大都是徐姓,相传都是

徐偃王墓

徐偃王后人。《鄞东前徐徐氏宗谱》记载道："偃王又徙于鄞之龟山南，钱湖之右，广置田园，立书院教生徒，故名隐学山；置放生池于东钱湖畔，其子三人将卒后的父王扶柩而归葬于隐学山。"前徐村的一位徐姓老人曾讲述道："'前徐'实为'徐偃'，这两个词语在宁波方言里实为同一个读音。"原来，这个村庄的命名本身就是在表达着对于先祖的一种纪念，并且给曾经的历史保留着一种解读的线索。只是这种线索在远去的时光中变得越来越隐秘和模糊。

其实，名人事迹或是遗址真伪的考证对一个普通的崇慕者而言并不重要，一颗高尚的心灵总渴望有很多地方能够成为其落脚地。重要的是，我们应该怀着一颗虔诚的心去怀念先人的仁爱情怀，去感悟历史中曾经闪现的真诚和美好。

余有丁墓道

也许是对于徐偃王仁义情怀的追慕以及对于东钱湖山水风光的眷恋,明代礼部尚书兼文渊阁大学士、后曾成为内阁成员的余有丁去世后也曾葬于隐学山。

余有丁,字丙仲,号同麓,鄞县人。余有丁少年时生得清秀端庄,并且诚实苦学。嘉靖四十年(1561)举顺天乡试,次年中进士第三名(探花),授翰林编修。隆庆初,充实录纂修官。万历元年(1573)以左庶子领南翰林,次年为国子祭酒,主管学务。当时,在学馆念书的学生多喜结伴游玩,读书的风气不是很浓厚。余有丁觉得这样既荒废学业又辜负朝廷栽培,便发布禁令禁止嬉游并令诸生相互保证,若故意违犯不报,则会受到连坐。自此,官学学风为之一振。同时,他还亲自校订二十一史并重新刻印,使后学者研读经典,所学匪浅。

余有丁为官正直、廉洁自律。他在任翰林编修时,常为皇帝起草诏书。前几任编修总是先将诏书写个大略,然后把内容告诉受诏者。受诏者为使诏书写得有利于自己,常以丰厚的馈赠让编修为其润色。余有丁很厌恶这种贪腐的做法,自他任编修开始,拒绝一切馈赠,说:"诏书是皇上说的话,岂可利用草诏之权讨好受诏者。"

钱湖烟雨

山水城市的栖居理想

余有丁墓地华表

山水之约

余有丁富有智慧,足智多谋。万历中,杭州府发生兵变,朝廷派兵部侍郎张佳允为浙江巡抚前去弹压。张佳允感到此事棘手,便向余有丁请教对策。余有丁说道:"杭州府内的叛军,如同困兽,明知死亦争朝夕之命。闻说河南徐景星曾率领过这支军队,此人有谋略,只因失职待命蓟门,何不请他来解决这次兵变。"张佳允按余有丁建议从事,果真杭州府内的叛军在徐景星的招抚下纷纷倒戈投诚。不费一兵一卒,不流血,兵变便得以顺利平定。

万历六年(1578),余有丁升吏部左侍郎进礼部尚书兼文渊阁大学士,拜少傅,后又因张居正临死时推荐而得入内阁。入阁后,由于心地光明,待人宽厚,处理政事公正得法,故与同阁成员相处融洽,朝政为之一新。

余有丁一直眷恋着故乡东钱湖的湖光山色,他的不少诗歌都寄托了他对东钱湖的深情。其中一首《东湖杂作》,他写道:

天上长虹百尺飞,忽垂湖面弄清辉。夜深欲驭天风上,伴却婵娟露下归。

雨后的彩虹横贯湖面,夜深时的月光照彻茫茫人世间,宛如仙境般的湖上世界成为余有丁一生的乡愁。

因此,也有一段赋闲时光,余有丁曾在东钱湖的月波山下取陶渊明《归去来兮辞》文意筑造了五柳庄,以安顿内心的这片乡愁。只是庄园还没落成,余有丁却又被一道圣旨召回北京,又开始他忙碌的官宦生活。临行时,他赋诗云"无奈骊驹催物役,野心仍自恋湖春",表达了内心之于东钱湖的依恋和不舍。没想到,这一别竟是永诀,两年后余有丁病殁于北京。尽管余有丁没有实现"归去来兮"的退休归隐的愿望,但去世后得以归葬东钱湖畔的隐学山,与仁义治国的徐偃王为邻,也终于算是生命中一种圆满的归宿。

只是,原本规模宏大、庄严肃穆的余有丁墓道由于时世动荡,如今已经荒芜不堪,墓葬被毁,精美的雕刻散落一地,丛生的野草仿佛在不断抹去这座山曾经有过的历史记忆。只有一道顶端蹲着瑞兽的望柱以及两位石刻的文臣还完好地站立在墓道上,忠诚地守护着墓地的安宁,见证着岁月沧桑。

二、二灵山的黄昏

没有什么时刻会比黄昏更接近一种哲学的境地。

每当黄昏降临,万物沉寂,人的内心仿佛也会在此刻从浮华走向宁静,在宁静中窥见自己。会窥见自己前世的痕迹,会窥见自己来生的影子,会窥见自己内心安放的乡愁,在流年光影中如莲花般地开落。

黄昏里藏着太多的生命秘密,让人沉思,让人怅惘。尤其是一个人坐在东钱湖畔,在漠漠的天地之间,与烟波浩渺的湖面相看,而夕阳正逗留在远方天际线湖山交融的那头,渲染着一种亘古的静穆和苍茫,那样的时刻,没有谁不会坐忘在黄昏里。

湖畔坐看黄昏,是生命的至境。

湖畔看黄昏,二灵山是绝佳之处。二灵山,在东钱湖东南处,西与霞屿山、北与月波山隔湖相望,因"山灵水灵"而得名。元代诗人戴良曾经在《二灵山房记》中盛赞二灵山的山水风光:

> 鄞之名山水,不可以一二数,而东湖为最奇。东湖之名山水,不可以一二数,而二灵为最奇。

二灵山上有一塔,唤作"二灵塔",宋初所建。山下有庵,后有禅师将其改为二灵禅寺,几多兴废。现今登临二灵山,庵寺已非旧物,而二灵塔依旧。其为七层石结构,中空,高10米,各层壶门式佛龛内均有石雕像及武士像。二灵塔耸峙山尖,黄昏降临,夕阳西下,湖光塔影相映照,为二灵最美之时。

此时,坐在二灵山上,隔着茫茫的湖面,对岸的山和村庄便小了,山与山之间的那长长的堤塘便拉成了一条细细的线。季节有不同,落日的地点便也会悄悄地移动。有时夕阳会蹭着山头落下去,有时便在那一横如线的堤塘上落下去,不同的角度会有不同的表达意味,四季晨昏,都让你相看不厌。

夕阳落山的时候,一个人的思绪也会跟着一起往浩渺的时空深处沉,生命的意味常常在这一时刻表现得最深沉。满天绚烂的霞光映着天,映着湖,而后渐渐地消退,天地仿佛也跟着隐退。当夕阳在湖对岸的山边或堤塘后暗淡成一个猩红的圆,暮色便席卷而来,湮没了茫茫的湖面,只留下一道长长的夕阳的余光,在湖上星星点点地闪烁,像是给灵魂留下的一道通道,沿着它可以往彼岸走。

如果是秋季,湖湾芦苇变黄、芦花飘飞,夕阳的光芒镀亮一大片的金黄,那时的世界亦如民国诗人张成咏东钱湖黄昏的诗句"斜阳欲下万山苍,一片菰芦作稻黄"中所描绘的意境一样,呈现极乐净土般的庄严法相。

实际上,人的灵魂深处总有一种源自时间的生命悲情,这种悲情在世俗的纵情和享乐中并不容易被察觉。而在黄昏,当夕阳渐渐地隐没在地平线的尽头,当天边绚烂的晚霞渐渐地黯淡下去,当晚归的鸟儿飞向林中的家园,当所有的事物渐趋沉寂,这种悲情,就像湖畔拍打着的涛声,悄悄地涌上心头。

这时候,你会在骨子里真正意识到时光的不可逆转,会望着浩渺的湖面想起苍茫历史中的那些慨当以慷的故事,会在骨子里真正理解一座湖的山水与生命之间至深的关系,珍爱时光中一起度过的一切。

> 海上神仙窟,分明作画图。山云连太白,溪水落东湖。路觉行边断,亭从僻处孤。直教殷处士,城市迹全无。

这是王安石咏二灵山的一首诗。北宋庆历七年,即公元1047年,进士及第的王安石在扬州任满后,任知鄞县,时年27岁。年轻的王安石并没有因为涉世太浅而显得缺少方略,反而因为年轻而充满远大的抱负和

钱湖烟雨

山水城市的栖居理想

无畏的激情。上任不久,王安石就着手了解鄞县的民情风俗和地理人文,以施展他的治世韬略。

是年十一月,江南大地已是寒风萧索,冰霜满天,草木凋零。王安石迈着坚定的步伐从县城出发,先至邱隘,夜宿慈福院;后至五乡,观碶工凿石;继过宝幢,入育王山,宿广利寺;然后至北仑大碶之灵岩,浮石湫之壑以望海,而谋作斗门于海滨;接着来到柴桥,临决渠之口,令劈山开河,并筑20里长塘;后至北仑九峰山,宿开善院。而后,王安石不顾行途劳顿,又自东向西行进,折回天童,宿天童寺;过东钱湖,过横溪,复至鄞江、横街和高桥,穿绕整个县区,足迹遍布当时县治所辖的东西十四乡。

在这次考察中,烟波浩渺的东钱湖在王安石心中留下了至深的印象。王安石登上二灵山,观湖形胜的同时,一个造福乡里的蓝图在他心中悄悄描绘。远处,阳光照映处,水面波光粼粼,折射出灿烂光辉。

二灵山黄昏

王安石在鄞县三年任期满后,依依不舍地离开了这块熟悉得不能再熟悉的乡土而赴任他处。在离任的途中,离别的凄怆时时充溢在他的心头。路过绍兴时,他禁不住登上越州城楼,回望远处的鄞县大地,然而浮云缥缈,无从寻觅。无比惆怅的王安石当时就写下了《登越州城楼》一诗,诗中充满了对鄞县深深的追忆和眷恋之情。

越山长青水长白,越人长家山水国。可怜客子无定宅,一梦三年今复北。浮云缥缈抱城楼,东望不见空回头。人间未有归耕处,早晚重来此地游。

"早晚重来此地游",只是,这一去,就是永诀,王安石此后再也没能回到他年轻时候曾经施展抱负的这块热土。但是,鄞县大地和东钱湖山水常常在一个寂寞的时刻走入王安石不尽的怀念之中。

宦海沉浮,变法艰难,他又想起他在东钱湖二灵山上的那年轻的身姿和年轻的心事。在那神仙居住的地方,他遥望东方太白山的巍峨挺拔,近看潺潺的溪流汇入钱湖,世俗的喧嚣和功利慢慢地如烟云般散去,一种纯粹的理想在他的心中慢慢升腾。这理想一直支撑着王安石的一生,无论变法的是与非、成与败,他都可以在内心轻轻告诉自己:问心无愧。

多少年来,王安石为东钱湖写下的《咏二灵山》这首诗是一种召唤,召唤着很多后人前来寻访钱湖山水和二灵胜景,寻觅久违的诗意和重温一种远去的理想。

其中,袁燮来过,他写道:

何人题作二灵山,千古佳名不可刊。欲识此声非浪得,试于高处一凭栏。湖山秀美冠东南,况此山椒枕碧潭。眼界宽平无限景,个中好处不容参。

乌斯道来过,他写道:

东湖阔处二灵山,龙吐双珠落水间。四面乱峰云气白,半天孤塔雨花斑。当年驯虎归何处,今日轻鸥只自闲。问讯老僧诗句好,清风谡谡满松关。

还有很多人为二灵山写下了他们心中最美的诗文。因而,许多年后,当我们再一次来到东钱湖畔与二灵山晨昏相对时,我们会从内心里深深地感知到,我们所面对的不仅仅只是一座山,而是一颗颗闪耀着诗意光辉的灵魂。

黄昏夕阳的余光照亮二灵山上的那座石塔时,古老的石塔在山之上、在湖天之间、在变幻的霞光里,以一种坚定的鲜明姿态,印证着一种永恒的事理:有些东西会逝去,但有些东西终究会长存。

二灵山的湖湾一侧还有宋代陈禾先生墓。陈禾，字秀实，鄞县茅山走马塘人，年轻时就爱慕东钱湖的山水，相传曾读书于二灵山之上。元符三年（1100），陈禾考中进士后，因为官清正、政绩卓著而不断升迁，历居台谏要职。时宦官童贯当道，黄经臣宠弄权，祸国殃民，众人敢怒不敢言，唯有陈禾挺身而出，毅然上书弹劾权臣，甚至当面质问宋徽宗："天子大权，奈何使宦寺得与？"宋徽宗不耐其烦，拂衣而起，陈禾却一把拉住皇帝的龙袍，请求皇帝听完他的劝谏；不料用力过猛，扯破了皇帝的袍裾。面对宋徽宗的厉声斥责，陈禾置生死于度外，依然镇定说道："陛下不惜碎衣，臣岂惜碎首以报陛下？此曹今日受富贵之利，陛下他日受危亡之祸！"陈禾虽因此遭遇贬黜，但他在后来起起伏伏的人生中始终坚持自己为官做人的正直品格。比如，陈禾遇赦复被起用，知广德军，移知和州，当时秦桧前来拜访陈禾想拉拢他，而陈禾不满秦桧所为，并没有给他礼遇，以至秦桧为此一直耿耿于怀。不久遇上母亲去世，服丧结束，担任秀州知州。佞臣王黼刚刚执掌大权，陈禾说："怎么能在王黼门下听候调遣？"他极力辞职，于是被改任为汝州知州。他辞职更加坚决，说："宁可饿死也不接受任命。"

陈禾在赋闲期间，曾在二灵山上筑山房，潜心读书，著书立说。这是陈禾生命中最美好的一段时光，面对东钱湖美丽的湖光山色，陈禾迎来了创作的高峰期。据《宋史》记载，陈禾有《易传》九卷、《春秋传》十二卷、《春秋统论》一卷、《论语传》十卷、《孟子解》十卷，这些作品大都写于陈禾二灵山山居之时。

建炎三年（1129），陈禾病故后，归葬于二灵山，终又魂归心爱的山水之间。

陈禾舍身直谏，青史留名，后世的不少诗人常常来二灵山寻访先生的墓地，表达心中的敬意。

　　一抔土葬忠臣骨，四面峰围云母屏。竟日此中寻古迹，芒鞋踏处草青青。

塔影迷烟处,钟声觉梦闲。陈公高冢在,终古白云间。

　　古墓悲湮没,忠魂叹杳冥。归途增感慨,聊为夕阳停。

也是在一个黄昏,清代诗人忻宇春去二灵山凭吊陈禾先生墓地时写道:

　　竞说山灵与水灵,连环看似卧龙形。独留孤冢埋忠骨,终古残阳照石屏。

尽管岁月沧桑,先生的墓地渐渐地湮没在离离的荒草之中,但那一句句深情的诗句,还有真实的历史,却让我们永远记住了此地长眠的一颗高尚灵魂,让二灵山的黄昏多了一层深沉的意味,让江南柔媚的山水也多了一份庄重和一种品格。

"独留孤冢埋忠骨,终古残阳照石屏。"有时,一个人只有在黄昏最静谧的时刻,在时光将逝未逝的时候,向着湖、向着终古的时空,才能深深地体悟到历史沧桑和命运变幻中那种不易察觉的生命秘密。

三、茂屿山的诗情

旧志记载:在东钱湖西南距湖数里,有一山名叫茂屿山,有张氏世居于此。旁有龟山、蛇山、琴山,象形酷肖。

如今,茂屿山还在,但因近二十年来开山取石,风貌已不复当初。残山剩水,无声地诉说着岁月的沧桑。但世居于此的张氏后人,倒是代代绵延,人丁兴旺。现茂屿山附近有荻江和云龙两村,仅一河之隔,居住者大多为张姓。

茂屿山旁边的蛇山、琴山已无处寻觅,只能从附近村庄年龄最大的老人那里探听到一点消息。但那座龟山的身影,倒是曾真真切切地闪现在

茂屿山远眺

不少村人自童年起真实的记忆中。倘若不是亲眼所见,还会以为旧志记载为虚。它是那么的逼真,头、背和尾层次分明,清晰地勾勒出一个可爱的乌龟造型。每逢风雨天气,山雨欲来,云气变幻,它仿佛就爬动了起来,也仿佛会在转瞬间爬入旁边浩渺的长山江中。凡见过龟山者,均谓造化奇绝。遗憾的是,也是因为开山取石,龟山原貌亦残损过半,如今只剩背部一角留在江畔,寂寞地听着依旧的涛声。

明朝时,张时彻尝于茂屿山旁构建山庄。张时彻,字维静,号东沙,又号九一,鄞县古林人;嘉靖二年(1523)进士,授南京礼部主事;嘉靖十年(1531),升任江西按察副使;历官至南京刑部侍郎;嘉靖三十四年(1555)离职归休;著有《芝园定集》等。

宦海沉浮,明争暗斗,张时彻早就从内心里厌倦了这种充满风险的生活,因而他也早就在离朝廷很远的地方、在自己的故乡东钱湖畔为自己构筑了一条退路,以备时时都有可能做出的突围。

一日,张时彻与好友出游东钱湖,偶遇茂屿山水,觉其清幽美丽,便出资购置山水间原有旧屋改造后命名"茂屿山庄"。改造后的茂屿山庄可以说是环境雅致,馆宇楼台、山亭水榭、林田池泽融为一体,颇具园林韵致,

古林张家潭张时彻纪念馆

"左为厅事四楹,为宾燕之所。……堂之后为楼,四面空旷,引睇无际,昼则清泉泄于石根,长虹栖于木末,触目雅靓,种种可怪,夜则挂星斗于檐阿,丹霞绚彩,皓月流光,乘户牖而入,交影床榻间,题曰聚奇楼"。张时彻还在茂屿山上建亭,亭内历历可见龟山、蛇山、琴山等周边诸山,因而张时彻好友沈明臣为这座亭题名为"品山亭"。亭后还有石池,可观群鱼嬉游;池后建屋四楹,环以周廊。

　　茂屿山庄与茂屿的山水曾经是那个年代浙东文化版图上一个重要的精神据点。在那时的每一个季节,总有人远远近近前来茂屿山寻访,或参与在茂屿山庄举行的雅集。有学者以到访次数和"同诸彦""燕集""次韵""限韵"等诗题进行归类统计,发现茂屿之雅集多达二十五次;《芝园定集》中"几至茂屿山庄"就有十九次。前来寻访或参与雅集的人大都是当时名流,如范钦、屠大山、沈明臣、张时敏、张应辰、沈汝璋、包大中、沈九畴、屠隆、余寅、谢茂榛等。他们来到茂屿,除了结交名士或看望故友,更多地是慕名前来怀念一种生活,感受一种情调,寻找一种寄托。

渺渺白云封,闲闲水云重。秋花不作艳,晚景若为容。野旷无多树,天高几处峰。神仙初不异,亦与世人逢。

秋天的云淡而又淡,茫茫水面上变幻着的天光云影逗弄着人们心中的闲情。山上的花儿静静地开着,并不热烈。站在茂屿山上远望,空旷的田野上只有寥寥的几棵树,就像中国水墨画里不经意的几笔,透露出的却是更多的生命的意趣。天是那么的高远,远远近近的几处山峰更清晰地点缀出一种时空永恒的静默。

曾官至太常寺少卿的诗人余寅就是在这么一个秋天来到茂屿,来看望好久未曾见面的好朋友张时彻,同时也来享受茂屿山水所能给予人的一种精神关怀。时光苦短,他们并不只是坐在那简易的屋舍里喝酒聊天,而是一起出游,不知疲倦。在河边,在湖畔,在山上,在林中,他们之间无须过多言说,每一片云都是他们最愉悦的神情,每一汪水都是他们最清澈的眼神,每一座山都是他们最容易沟通的语汇。

即使在下雨天,他们也一起纵情游赏。在明朝这个相对刻板的年代,茂屿的山水又重新激发了诗人们心中的生命激情,只有在这个时候,他们才感觉到自己是自己的,自己是真实的。余寅虽然是文学史上并不算太有名的诗人,但是在茂屿游玩的那短短几天,除了上面这首《游茂屿从大司马张公》,他还一连写下了好几首好诗,其风度和气质绝不亚于唐诗。

诗人们在茂屿写下的诗歌是很多的,那些诗歌大都并非应景之作,而是来自灵魂深处最真诚的歌咏。譬如明代诗人沈九畴写的那首《初至茂屿》:

清溪窈窕觅仙踪,临水看云面面重。山过雨声侵薜荔,风吹秋

茂屿山前的河流

色满芙蓉。湖天浩渺悬孤屿,海日东南引万峰。岂是桃源无路到,扁舟今日使人逢。

细细品读,诗句是多么隽永,格调是多么清新,唐人风韵隐约重现。

向往茂屿山水很久的明代"后七子"之一、布衣诗人谢茂榛也终于在一个黄昏赶到了茂屿山庄,内心充满了喜悦。

几年怀胜赏,此日共徜徉。幸侍东山屐,欣开绿野堂。回溪晴散碧,曲径夜生香。一自离城市,尘嚣已顿忘。

茂屿山清丽的山水让诗人一下子忘却了尘世的喧嚣。也可以说,茂屿的山水滋润了诗人们的灵魂和诗歌。在茂屿山庄,主客之间曾经有这么一段对话。有客问:"景物有尽,而赋咏滋多,何古今人不相袭乎?"张时彻答曰:"景物有尽,而聪明无尽,以无尽用有尽,是以无尽。"山水有尽,而灵魂无尽;山水启迪灵魂,而灵魂赋予山水以无尽和永恒,这便是人世间最美的事情。

残山剩水

龟山残影

茂屿山庄志趣相投、山水酬唱的文人雅集影响深远,《甬上耆旧诗》称:"时东沙张公里居,每乘兴泛舟,兼载丝管,一时名士多从之游,园亭觞咏之盛,浙河以东风流未有。"清初著名诗人李邺嗣每谈及张时彻茂屿山庄的雅集之事,常感叹自己生不逢时,因没有赶上山水之间那一次次风雅的聚会而遗憾不已。

茂屿山庄的雅集，也常常让我们想起更远之前的东晋年代绍兴西郊的兰亭时光。暮春三月的一天，天朗气清，惠风和畅，修竹摇曳在习习的清风中，清流激湍弄出一些清丽的声响。王羲之和一群友人，穿着宽大的衣服，来到兰亭，聚坐在溪流两边，在溪流的上游放上斟上酒的酒杯，酒杯顺流而下；溪流弯曲，倘若酒杯随流水停搁在谁的跟前，谁就赋诗一首，并饮下这杯酒；于是，就有了一本薄薄的兰亭诗集以及王羲之那篇著名的诗序《兰亭集序》。

其实，每一个人的心中都有一座兰亭或茂屿山庄。

四、钱湖月夜

湖上四时看不足，无论是春夏秋冬，还是阴晴雨雪，湖都会呈现出一种别样的美丽。

也有人说，游湖，晴游不如雨游，雨游不如雪游，雪游不如月游。

月圆之夜，东钱湖畔常有人三五成群前来，或泛舟湖上，看夜，看月，聊人生往事。彼此仿佛都从忙碌的人生逃脱出来，船离岸的刹那，都无不感叹地说这样的月夜、这样的宁静和这样的相聚是多么难得。

然而有时，我们并不是缺少闲暇，而是缺少一种心境。我们仿佛已经很难挣离自己所在的貌似忙碌的生活状态去和自然相看。这湖，这月，离我们很近，却又常常显得很远。

钱湖月夜，如果坐船至湖心处，然后任船在茫茫的湖面上飘荡，而天地则在刹那间静了下来，只有月色如水，只有秋风中波浪的泛动声和水中鱼儿偶尔跳出水面的水溅声，那种静寂，仿佛真让人有苏轼《赤壁赋》中所云"飘飘乎如遗世独立"之感。

那一刻，明月生辉，皎洁的月光沐浴着每个人的心灵也沐浴着一座湖的前尘往事。

七百年前的一个中秋之夜，元代诗人刘仁本来到东钱湖，载酒吟诗，与月下湖山倾心相看。

钱湖月夜

东钱湖上值中秋，载酒吟诗作胜游。一色水天涵万象，四时风月属群鸥。冯夷漫奏霓裳曲，太乙还乘莲叶舟。中有补陀霞屿寺，玲珑楼阁似瀛洲。

中秋月色下的东钱湖，朦胧静谧；湖心的霞屿寺，玲珑楼阁，宛若仙境。群鸥自在地享受着四时无边的风月，水天一色里蕴涵着世间的万象；在这时的湖上泛舟，仿佛太乙真人卧于莲叶之上那般惬意，耳畔浪打浪的声音又像是水神弹奏而出的妙乐。

在诗歌呈现的意境中，我们仿佛觉得时光倒流。其实，一样的中秋，一样的月色，一样的湖景，只是我们时常错失生命中的那一场场胜游、那一场场心灵与自然的美好相遇。望着明月，我们也在内心深处想起千百年前张若虚、李白、苏东坡们的月。想是一样的月圆，一样的夜色，一样的山色和水色，让人的内心萌生了无尽的人生感喟和时空冥想。

雪后湖山玉作围，小舟乘兴弄清辉。贪看月里鸾回舞，不觉风前鹬退飞。云母屏空春阃寂，水晶宫冷晚霏微。山家一笑乾坤老，谁驭瑶池八骏归。

《雪后泛东湖》是元末明初著名回族诗人丁鹤年诗集中的一首诗。丁鹤年诗才出众，却生性淡泊，绝意于功名。元朝末年，天下大乱，丁鹤年为躲避战乱和政治迫害离开战火纷飞的武昌，一路漂泊，后来流落到宁波，在宁波客居许多年。那些岁月里，城郊美丽的东钱湖自然成了他聊以慰藉内心的好地方。

那是一个雪后的夜晚，一轮明月，天空如洗，清辉满湖，世界纯粹得宛如玉砌一般，没有任何尘滓。诗人于是即兴乘舟湖上，在宛若仙境般的雪后月夜湖山之上，不知所起，不知所终，不知今夕何夕，仿佛人生的困苦瞬间消去，那跨越时空而或是物我相融的片刻的美好经验一如朗朗乾坤里的那轮明月一样永恒。

明朝初年，战乱平息、社会安定后，丁鹤年回到武昌。但他一直难以忘却患难之中宁波友人的帮助以及和他们一起在湖畔度过的美好时光。他有一首绝句《寄四明诸友》"海上归期苦恨迟，归心日与海争驰。故人有待吾衰矣，一寸寒灰万里丝"，表达了自己深切的怀念之情。

时光隔得再远，那些古典的意境在我们的现世、在我们的心灵深处也不曾远去过。

南宋时期，著名心学大师袁燮爱慕东钱湖的山水，也时常前来泛舟赏月，体悟自然与人生之间的妙谛。

袁燮，字和叔，鄞县人。天生品行端正敦厚，喜欢沉思，小时候，乳母放一盘水在他面前，他就整天把玩凝视。稍稍年长些，读先贤传记，感慨地用名节要求自己不断上进。初入太学时，陆九龄是学录，同乡沈焕、杨简、舒璘也都在太学，他们用道义互相激励。后进士及第，调任江阴尉。浙西发生大饥荒，常平使罗点让他负责救济。袁燮命令每保画一张图，田地、山水、道路都记在上面，又把居民分布在其中，户籍、产业也都写上。然后合保为都，合都为乡，合乡为县，这样赋税兵役、争斗诉讼、侦捕盗贼等事，按照图式便可以马上解决，因此救荒工作做得最好。袁燮在朝为官

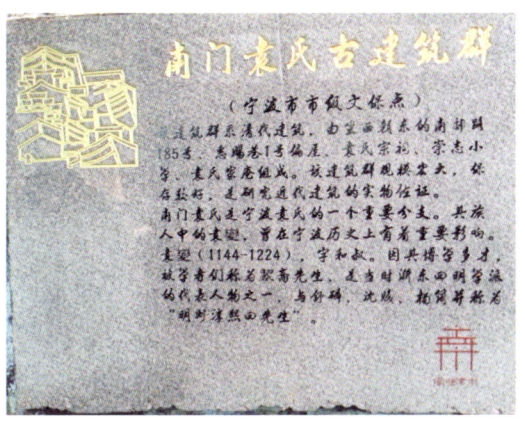 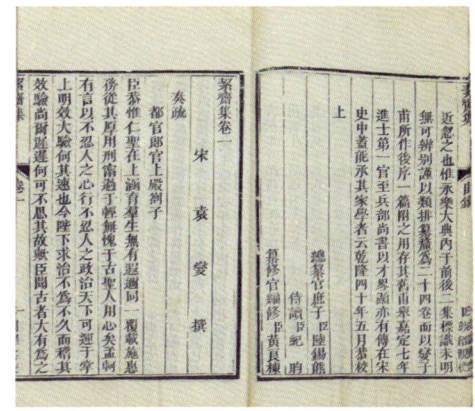

袁燮家族建筑文保石刻牌铭　　　　　　　　袁燮《絜斋集》书影

时，刚直敢言，结果因言获罪而离职。后又迁任国子司业、秘书少监，升任祭酒、秘书监。袁燮接见生员时，必定教导他们要反省律己，忠实守信，认为这是道的根本。听的人内心充满敬重而又深受启迪，因此士气更加振奋。授任礼部侍郎兼侍读后，因与主张议和的权相史弥远政见不同，又被弹劾罢免了官职。

　　然而尽管宦海沉浮、人生坎坷，袁燮一直认为人心与天地都是一个本源，精心思索去得到它，兢兢业业去守住它，就与天相似了。在袁燮的一生中，烟波浩渺的东钱湖一直是他沉思、顿悟的一个重要地方。尤其是月下的东钱湖，澄泓万顷，满目辉光，常让袁燮了悟到关于心灵的一些秘密。他写下的《望东湖》几首七言绝句，在吟咏月下湖色美景的同时，也为我们道出了这些秘密。

　　　　澄泓万顷浸冰轮，千尺惊看玉塔新。满目辉光相照耀，乾坤何处不精神。

　　广阔澄净的湖面上，一轮如冰般圣洁的明月静静地照耀着，清辉满溢,照彻世界,照彻每个人的心底。

天上金波印水心,心中波浪亦成金。小舟荡漾金波里,陡觉广寒宫殿深。

金色的月光倒映在湖心,心湖里涌动的波浪仿佛也闪耀着金色的光芒。泛舟于金波粼粼的湖上,内心深处顿觉灵魂逍遥的快乐。

世上功名姑置之,微茫心事要深思。水光月色精神好,长使襟怀似此时。

月色水光,交相辉映,驱散了笼罩在心头的俗世功名利禄的迷雾,重又让自己的襟怀澄澈如洗。

其实,这秘密就在于每个人自己的内心。只要心地光明,何处不光明;只要心底有诗意,何处不诗意;只要心底有精神,何处不精神。先生在他的著述里也曾谈到:

人生天地间,所以超然独贵于物者,以是心尔。心者,人之大本也。此心存,则虽贱而可贵;不存,则虽贵而可贱。

大哉,心乎!与天地一本,精思以得之,兢业以守之,则与天地相似。

天地之间,惟心为大。它是安身立命的本源,是精神高贵的家园,只有善加守护,才得以在天地间如明月一样熠熠生辉。

也许是东钱湖的湖光山色给了袁燮内心太多的慰藉和感悟,晚年的他选择东钱湖作为身后的长眠之地。去世后,他被安葬于湖畔的穆公岭上。

茫茫湖面,无处不是月色。船荡漾于月色中,便轻盈如叶。我们随着它,也自在地漂浮于杳渺的天地间,仿佛也有了以游无穷的逍遥的念想。

有时,即使我们在物质生活上再现代,而内心深处,所渴求的依然是一种诗意的古典情怀。

五、湖上秋来似画图

很多年前的一个秋天,民国实业家顾钊来到东钱湖游览,为湖上秋景所深深俘获。

顾钊,字元琛,以经商起家,历主宁波招商局、总商会、四明银行、和丰纱厂等事。在忙碌之余,他最喜欢的事就是和朋友一起游赏东钱湖。

一湖如镜,翠峰倒映;轻鸥点水,夕照渔家。流连忘返的顾钊接连写了几首赞美湖上秋色的诗歌。其中一首是这样的:

> 湖上秋来似画图,翠峰围绕水平铺。年年不倦同游乐,向往东钱只此湖。

秋游东钱湖,宛在画中行。辽阔的湖面上,翠峰点点,如此美丽的湖光山色,让顾钊的内心顿生"年年不倦同游乐,向往东钱只此湖"之喟叹。

这是另一首:

> 湖边秋是最清华,遥见轻鸥掠浪花。我爱陶公山尽处,夕阳斜照入渔家。

夕阳斜照,湖畔渔家,湖面上飞翔的鸥鸟轻盈地追逐着浪花,在天地最澄澈的季节里,顾钊深情地咏叹这湖边的秋色是季节里最美的容颜。

"湖边秋是最清华",一个人如果不是在秋天,默然与湖相看,那是绝不会看到湖的清幽与华美、庄严与澄净的。再喧嚣的世界,也会在秋天的湖前一下子静寂下来。

钱湖烟雨

山水城市的栖居理想

当东钱湖边的一丛丛芦花盛开，当湖上一群群自由游弋的野鸭子忽而哗啦啦地从水面上振翅飞起，飞向杳渺的天空，湖，开始在一个真正属于它的季节里，呈现出沉淀在时光深处的那种清静和深邃。

湖岸四周的山色在萧瑟中散发着无尽的苍茫；满山的杂树林的散淡和野红枫的绚烂混搭在一起，流露着一种深沉的意味。秋天的山，是理解一座秋天的湖的最好背景。

湖水比任何时刻来得澄澈。这种澄澈，会让人感觉到一种深刻；哪怕是岸边最浅的地方，湖水依然有一种不可测的深，像是天国的神圣，让你的内心起一种庄严之感。

湖面更显得宽广，浩渺无际，仿佛天地间不曾有过往，不曾有现在，也不曾有未来。走过的千山万水，都在此刻化作缥缈的云烟，化作湖上的一缕风，瞬间逝去，不曾留下一些痕迹。

而一些古典的诗境，却会在此刻悄然复现。"蒹葭苍苍，白露为霜"，原来，在水一方的伊人在你的心中尽管杳渺，却从来不曾远去过；而那落霞、孤鹜、秋水、长天，也只有在此刻才会在永恒的时空里组合出一幅经典的画面。

山水之约

湖之秋语

明代诗人金镒在《游东湖》里写道：

> 湖上放船好，秋高眼独明。水光浮地白，山影露云青。把酒卧鸥渚，掀蓬认鹤汀。笙歌漫缭绕，诗思正纵横。

高远的秋天，在湖上放船，轻轻地穿越鸥渚鹤汀，摇向水天相接处；那时的天光云影，水光山影，会让一个人的诗兴在无边的空灵寂静里纵横翩飞。

> 片片云归石，风高落雁天。--湖秋作色，孤屿鸟啼烟。棋罢见茅店，诗成过钓船。帘飘古树下，沽饮亦陶然。

也是在秋天，清代诗人钱豹和朋友一起游东钱湖，白云飘飘，雁叫声声，一湖的秋色均化作心中的一片闲情逸致，陶然自得。

澄碧的天空和绚丽的山色映入明净的湖面，白鹭从芦苇丛中翩翩飞来，在湖上追着帆影和云影。在秋天的湖上，倘若能舟行于碧波之上，人

东钱湖畔的沙耆故居

便宛若在画中游了。

有东方梵高之称的画家沙耆晚年居住在东钱湖畔,东钱湖秋天灿烂而厚重的景色让画家深深地体味到了生命美妙的意趣。他在湖畔创作了很多风景油画作品,而秋景一直是他笔下重要的主题。

比如画作《东钱湖边秋色》,色彩的运用自由奔放、主观泼辣,画布上点染的缤纷色彩渲染了湖畔树林浓烈的秋意;树林一侧呈现的天空和湖湾的一角,表现的形式轻盈而朦胧,像是一个人梦境的再现,虚实结合,让人想见秋天的东钱湖像天空一样无比澄净与广阔。

画作《韩岭秋色》,画的是东钱湖韩岭古村的山坡秋景,山的层次在明暗对比中呈现出一种深沉的意境,山脊上浓郁的树影和白云飘飞的天空构成幽远的空间场景。画面整体的色彩浓而不艳,折射出秋天独有的宁静;画面靠中的一棵枯树在色彩中映衬出时光深处的沧桑。

那一幅幅画作,用绚丽的色彩将东钱湖秋天的风光定格成永恒的经典。

沙耆早年求学于上海美术专科学校、杭州国立艺术专科学校和南京中央大学艺术科,1936年底赴比利时布鲁塞尔皇家艺术学院深造,由于

东钱湖畔的沙耆故居

学习刻苦,表现出色,获得"优秀美术金质奖"。当时在比利时美术馆举行授奖礼,由布鲁塞尔市市长马格斯亲授奖章。沙耆毕业后留居比利时,继续创作,赢得广泛声誉。他的作品曾经和毕加索同台参展;他创作的一幅作品《吹笛女》被比利时皇太后伊丽莎白收藏,一时传为佳话。只是后来因精神疾病困扰回国后,长年蛰居故乡,在艺术创作上沉寂了很多年。

直至 20 世纪 80 年代,沙耆居住到东钱湖畔韩岭村的学生家里后,东钱湖的美丽景色抚慰了画家早年的精神困苦,重又唤醒了画家心中的创作激情。只要天气晴好,他就和学生一起背着画板到湖山之间写生,创作了一幅幅优美的油画作品。田野以及田野上劳作的农民、树林、野花、山冈、湖岸、村庄等湖畔的景物与生活场景成了沙耆绘画中的重要意象,而且自然丰富的色彩与光影变幻还启迪了他对画面的构思与处理,他用近乎内心直觉的色彩和笔法来表达对昔日美好时光的追忆,来描绘湖畔生活的宁静与美丽。这时候沙耆画作风格一改以前的古典主义的理性而呈现出印象派以及抽象主义的那种奔放无羁、自由烂漫的表现意味,也因此,沙耆被艺术界赞誉为"中国梵高"。

十多年的湖畔宁静时光,又使画家在晚年重臻艺术高峰。

一个人的灵魂倘若要归去来兮,那秋天的湖畔一定是最理想的渡口。彼时,你还在尘世中奔波,劳苦困顿;此刻,你的灵魂仿佛一叶归舟,在苍茫的湖上,飘然远去。

【五】

尘世信仰

一、耕读传家久，诗书济世长

"学校之设遍天下，而海内文质彬彬矣"，中国自宋代起，由于朝廷重视学校建设，教育开始进入了一个高速发展时期。有学者提供的研究数据显示，1104年，宋朝全国学生总数多达21万余人，按照人口约为1亿来统计，平均入学率约为五百比一，与唐朝全盛时期的一千二百五十六比一的平均入学率相比，其教育普及程度可以说是遥遥领先，从当时世界范围来比较，也是罕见的。"为父兄者，以其子与弟不文为咎；为母妻者，以其子与夫不学为辱"，宋代俗世社会逐渐形成了重教兴学的良好风尚。

因此，如果说书院在唐、五代时期还只是一种零星的、规制不完整的藏书、读书或教书之所，那么到了宋代，书院则越来越呈现出数量多、规模大、规制完整、分布广泛的特点，著名的有江西庐山的白鹿洞书院、湖南长沙的岳麓书院、河南商丘的应天府书院、河南登封的嵩阳书院等。

到了元代，蒙古族建立的王朝进入中原，受汉文化的感召，继续保护和支持书院的建设和发展。《元史·世祖本纪》记载，早在中统二年（1261），元世祖就下诏："宣圣庙及管内书院，有司岁时致祭，月朔释奠，禁诸官员使臣军马，毋得扰侵亵渎，违者加罪。"同年，元世祖又下令："凡有书院，亦不得令诸人骚扰。"在大军南下途中，又下令不准占据书院房屋租产，"书院依例复旧，由是，诸学者弦诵不绝。"不仅改朝换代的战火没有殃及书院的发展，而且，元王朝还允许在全国许多路、府、州、县重建书院，并鼓励民间地方人士创建书院，下令"先儒过化之地，名贤经行之所，与好事之家出钱粟赡学者，并立为书院"，使得书院在有元一代得到了更大的发展，清代学者朱彝尊曾说："书院之设，莫盛于元。"

明清两代，中国书院的发展尽管时有波折和起伏，但总体上数量和规模也都在宋元的基础上有较大突破。

田家有子皆习书，一直有重教兴学传统的"诗书之乡"鄞县在宋元明清这长长的一段历史时期，也涌现了许多知名的书院。尤其是元代江南地区经济富庶，"书院一事，盛于南国"。当时浙江和江西两地的书院数量位居全国前列,庆元路(今为宁波)的书院数位居浙江之首,而鄞县的书院数则位居庆元路首位,有东湖书院、鄮山书院、甬东书院、本心书院、鲁斋书院和鄞江书院。

著名的东湖书院就建在东钱湖的高钱村。

湖山秀美的东钱湖一直是古代书院筹建的理想的选址地。自西周徐偃王在湖畔隐学山建立隐学书院以来,宋代陈禾在二灵山的二灵山房、史嵩之在梨花山的读书台、焦征君在大涵山的焦先生书院、刘隐君在青雷山的刘隐君南窗,元代陆居敬和陆思诚两兄弟在高钱村的东湖书院、高僧释祖铭在青雷山的东湖书楼,明代张时彻在茂屿山的茂屿山庄、余有丁在月波山的余相书楼,让美丽的东钱湖在绵长的时光里一直弦歌不绝,风雅相继。

其中,焦先生书院,又名"焦征君讲舍"。宋绍兴年间,山东布衣焦瑗(字公路)寓此讲学,传伊洛之学。伊洛之学为北宋程颢、程颐所创理学学派。二程为亲兄弟,均为洛阳(今属河南)人,长期在洛阳讲学,后来程颐又居临伊川,二人讲学于伊河洛水之间,因称其所创学派为"伊洛之学",也叫"洛学"。焦瑗讲究礼法,即使在家里,也非常注意仪容的修整,在妻子孩子面前也不懈怠。在外面,待人接物,都恪守礼节,因此刚开始那些后生辈多远之,其中有些傲慢无礼的还在背后非议嘲笑他。等到后来有些人慢慢了解了他,"望之俨然,即之温然,则已心折",而且发现焦瑗对于时事以及义理的评论和见解大大超越常人,都开始追随焦瑗前来听讲。焦瑗去世后,他的弟子还像他生平教诲的遵其礼法,即使那些极其显贵的人,也没有傲慢之心,他们的容貌举止端庄敬重,人们看到了,不问就都知道是焦瑗先生的弟子。清代史学家全祖望叹曰:"甬上乾淳之盛,孰非先生所首导哉?"

影响最大的当数东湖书院。

元泰定年间,陆居敬和陆思诚两兄弟为实现父亲兴办义塾的遗愿,捐地在西亭山脚下的高钱村兴建了"东湖书院"。书院建成后,不久就成了地方上一个颇有名气的文化中心。因为东湖书院不仅建制完备,如地方志所言"讲有席,息有榻,凡庖湢之所,食饮之器,蔬莳之圃,虽微而完",而且还邀请到了当时鄞县籍的著名学者、诗人和教育家程端礼、程端学两兄弟到书院讲学。

程端礼(1271—1345),字敬叔、敬礼,号畏斋。15岁时能记诵《六经》,晓析大义,治朱子之学。累任建平、建德县教谕,台州路、衢州路教授等,生徒甚众。后以将仕郎、台州路儒学教授致仕归里,郡守王元恭礼请为师。撰文明白纯实,不离正道。著有《读书日程》《春秋本义》《畏斋集》等。

程端学(1278—1334),字叔时,号积斋。泰定进士。授仙居县丞,改国子助教,迁翰林编修,出为瑞州路经历。元统二年(1334),迁太常博士,命未下而卒。有《春秋本义》《春秋或问》《春秋三传辨疑》《积斋集》等。

程端礼、程端学两兄弟的到来给东湖书院的教学奠定了坚实的基础,尤其是程端礼的《读书日程》成了东湖书院教学的重要指导纲要。《读书日程》又叫《程氏家塾读书分年日程》,成书于1315年,以日程的方式为学校教育排列教育内容,是循序渐进的读书指南,使读书人能够依据它来对自己的学业进行合理的规划、修习和评判,能够做到日有所进而不会懈怠荒废,也是元明清三代近七百年的教学准则。

《读书日程》其实是对"朱子读书法"的继承、落实和发展。程端礼非常信奉朱熹的居敬持志、循序渐进、熟读精思、虚心涵泳、切己体察等读书法,认为一个人只要恪守读书法则,持之以恒,终有成就。于是,程端礼将朱子读书法以学问的循序渐进为线索,将时间划分为若干个大大小小的单元,用于一系列典籍的学习,从而使读书学习有一套严格的日程可以遵循,并可得到方法上的指导。《读书日程》在讲明读书的次第、读书的具体方法和读书时间的分配方面,十分具体。比如对于晨读,要求"每夙兴,即先自倍读册首书,至昨日所读书一遍。内一日看读,内一日倍读,生处误处,记号以待夜间补正遍数"。比如对于老师的讲授也有要求,如老师要以背读形式查检学生昨日所习之书,而当日讲读,如以讲六七百字或一千字为限,须多授一二十行,以备次日或因故不能授课,而生徒仍可自读,如此等等。

而且,东湖书院还确立了自己的教学宗旨和内容,那就是以传播程朱理学为己任,书院内还为理学大师朱熹建造了祠堂,奉朱子像。

程端礼、程端学两兄弟在东湖书院教学的时光是东湖书院历史上最美好的时光。书院的琅琅书声和西亭山的秀美风光交融在一起,让在此执教的程端礼、程端学兄弟俩仿佛感受到了一种人生的快意和生命的至境而忘却了尘世的喧嚣。程端学在《东湖书院记》中深情地写道:

山围而献秀,水溢而浮光,舟行若乘气凌空,不知身在尘世也。

在历史的曲折中,东湖书院的办学也经受了种种考验,如一度书院山长缺任等。到至正年间,尽管已是元代末世,但色目人马易之的到来,又使东湖书院的办学重又振兴起来。

马易之(1309—1368),本名迺贤,字易之,也名纳新、乃贤、葛逻绿易之,别号河朔外史,为葛逻绿氏,属色目人。因葛逻绿为突厥族姓氏,汉译为"马",故也叫马易之。马易之为元末著名诗人,诗文清淳明净,自然浑成,名声远播,几乎"每一篇出,士大夫辄传诵之"。其一生学在江浙,参在军里,游在四方,逝在直沽(今天津)。有《金台集》《海云清啸集》《南城咏古诗帖》和考古学名作《河朔访古记》传世。

马易之担任东湖书院山长后,把所领报酬都捐献出来,用来建先师祠,祭祀陈禾、创建高钱村的高友文和钱顷、堪比中原二程的程端礼和程端学等先贤;聘请品行好、有学问的老师来训导其乡之弟子;还在每月的初一和十五亲自为学生讲授学问。马易之主持东湖书院时期是书院的兴盛期,可惜他于至正二十三年(1363)被朝廷征召为翰林国史院编修官,不得不告别东湖书院。

马易之离开东湖书院时,当地父老乡亲以及书院学生都流着眼泪来送别,场面非常感人。马易之的好友、时任江浙行省左司郎中的刘仁本在送马易之进京赴任时也写道:

湖水东头见学宫，教分党术启群蒙。曾崇俎豆祠朱子，今喜师儒得马融。蠹简青灯听夜雨，鲰生绛帐坐春风。鄞邦自是衣冠薮，况复书文四海同。

东湖书院的创办在历史上留下了深远的影响。其影响首先在于民间捐资办学的道德感召意义。陆居敬和陆思诚两兄弟当时的家产"不及中人之产"，却为实现父亲陆天佑办义塾施教本地人的遗愿而倾尽全力，兄弟共捐田地百有五十亩，而后其弟又追捐十亩多，其精神感天动地。其次在于书院办学的文化辐射。程端礼、程端学的教学方法，马易之的教育管理，在当时都堪称领时代之风气。再次，书院作为当时的文化中心，它的存在意义还在于深化了当地百姓对于耕读生活的价值体认：耕田可以事稼穑、丰五谷，养家糊口，以立性命；而读书可以知诗书、明礼义，修身养性，以立高德。

尽管世事变迁无常，东湖书院最终衰微直至湮没无闻，甚至如今无迹可寻，但西亭山和高钱村见证了那大师讲学的风范和身影，那琅琅的诵读经典的童声，那曾经的文人雅集，那湖畔的歌吟。尤其是东湖书院兴建背后蕴涵的捐资办学的美好传统和文化意义，千百年来深深影响着东钱湖一代又一代的人。在每一个时代，总有人，无论在乡还是离乡，会怀着宏愿，在湖畔甚至在中国的大地上捐资兴建起他们心中理想的"书院"。

民国时期，在上海经商致富的东钱湖沙家垫人李志方痛感国弱民穷，痛惜家乡的子弟求学无门，便于1921年和朱丰沛、朱丰浩兄弟共同捐资在莫枝下街回春桥畔购地12亩，仿照上海圣约翰大学校舍格局，砌建了一幢西式回字形楼房，取名"志方学校"。除充足的教学空间和运动场地，学校还设有图书馆和实验室，图书馆里备有《东方杂志》及《中华故事丛书》等多种读物，实验室里置有地球仪，各种矿、植物标本等现代化教学仪器。志方学校在当时鄞县可以说是一所最现代化的小学，培养了一批又一批学子，开了当地乡村新教育的先河。同时期，东钱湖乡绅郑柏林在师姑山和殷湾的交界处创建了"修明学堂"，校舍风格也是中西合璧，建筑轩昂非凡，学生主要为师姑山和殷湾附近的民家子女。

20世纪80年代以来，在港台等地经商办企业的不少东钱湖籍实业家致富后不忘造福桑梓，返乡捐资兴学，比如港胞忻信来捐建了大公中学，台胞郑经训捐建了莫枝幼儿园，港胞忻礼轼资助建造了莫枝中学科技楼，还有香港大紫荆勋章获得者、著名实业家李达三不仅在故乡捐建了中学教学楼，还在浙江大学、复旦大学等高校捐建了教学楼并设立了各类教育发展基金。他常说："一个国家要富强，人才很重要，而人才的培养，教育是根本，教育是千秋万代的大业，振教兴邦，匹夫有责。"

因此，从这个意义上来讲，薪火相传，东钱湖畔的那座东湖书院在我们的心中从不曾消亡过。

二、湖山传说

在黑夜与白昼的轮回之际，湖山之间的日出是一个神圣的时刻。

日出前，天边却霎时明亮了许多；那里原本黯淡的云朵染上了色彩，一片一片地向外濡染开来，变成了一片绚丽的朝霞。

群山的影子不再模糊一片，像一面又一面的薄纱，层层叠叠地，绰约起来。宽广的湖面也像摊开来的一面镜子，照见山影，照见塔影，照见村庄，照见满天的朝霞。村庄里高傲的雄鸡们朝着日出的方向此起彼伏地啼成一片。

太阳出来的时候并不矜持，在湖的尽头，在群山的背后，在千道万道的光中，它是一下子跃出来的。在那莽莽苍苍的湖山之际，那轮喷薄而出的红日，散发出神谕般的光芒，照亮幽暗的尘世，唤醒沉寂的生命，重启尘封的传说。

"烟销日出不见人，欸乃一声山水绿"，而或是"日出江花红胜火，春来江水绿如蓝"，太阳出来的那一刻，世界好像一下子就打开了。天是那么湛蓝，山是那么翠绿，湖是那么清澈，粉墙黛瓦的村庄又是那么明净。

老房子的楼上，女人在金色的阳光中吱吱呀呀地打开第一扇木窗；

湖上日出

  岸边，早起的男人在闪耀的波光中舀起第一桶水；湖心小船上，渔家大伯迎着阳光姿态优美地撒开第一张网；霞屿上的寺庙里，前来朝拜的信女在穿窗而来的光芒中点燃第一支香。

  这样的时刻，总是充满太多的喻示，启迪着我们灵魂对于世界的领悟。天地间有时会出现的晦暗此刻一如晨雾般散去，湖山世界在我们的眼中重又光彩夺目。

  日出时刻，登上湖畔那座小小的田螺山，放眼望去，了无遮拦的浩渺的湖面显得对岸的山远了、小了，杨柳依依的湖心堤成了淡淡的一痕，山脚下的村庄也成了写意的水墨一抹。一下子空旷起来的湖山在灿烂的日光和粼粼的波光的辉映中，时而呈现出一种远古洪荒的岑寂，时而呈现出一种自然幻变的神奇，时而呈现出一种神灵降世的隐秘。

  那个古老的田螺姑娘的爱情传说仿佛也在此刻悄然复现。很久以前，湖畔住着一个靠捕鱼为生的青年，早出晚归，非常辛劳。有一天，他捕捉到了一个又大又漂亮的田螺，便很怜惜地将它带回家中，养在水缸里。此后他好几次捕鱼晚归，回到家中，便惊奇地发现有人已经替他做好了饭菜，问问左邻右舍，大家却都不知情。于是，有一天晚上，心中满是好奇的他提前回家，在门缝里悄悄张望，结果发现，原来是那只田螺化身的姑娘在为他烧饭做菜。后来，善良的青年和美丽的田螺姑娘结为了夫妻，过上了幸福美满的生活。可惜好景不长，天庭知道了田螺姑娘偷下凡间的事情，就派天兵天将来湖畔捉拿她。田螺姑娘临别时含着眼泪留下了自己的田螺壳，告诉丈夫看到它就像看到自己一样。那个田螺壳，后来就化作了湖畔的田螺山。

在清晨绚丽的阳光中，形肖神似的田螺山在湖畔静静地散发着光芒。那个浪漫而又忧伤的爱情传说，也赋予了一座山、一座湖美丽的色彩和深刻的内涵，让前来寻访的人不禁喟叹和怅惘。

在湖上日出的盛景里，世界去蔽，传说再现，历史敞露，东钱湖的山山水水和村庄开始讲述它们的传奇。

东钱湖的命名背后也藏着一个传说。湖畔有个村庄叫栎斜，栎斜村里有个叫杨淼的年轻人，自幼父母双亡，家境贫困，靠砍柴为生。有一天，杨淼去山上砍柴，累了便在路边横卧的巨大的老树干上休息一下。没想到，这老树干竟是天龙幻变的，它是玉皇大帝的坐骑。这日，玉皇大帝在天庭议事，天龙偷喝御酒，私自下凡到东钱湖游玩，酒性发作后便醉卧在山路边。然而玉帝的御骑被凡人骑乘，那还了得，如果被天庭知道，天龙将要受到严厉惩罚。天龙要杨淼保守秘密，杨淼爽快地答应了。不过天龙还不放心，在杨淼回家的路上，天龙还化作老头、老太婆、少女三试杨淼，问他有没有见过天龙，杨淼都恪守诺言，摇摇头说不知道。天龙见杨淼诚实可信，便决意暗中帮助他。由于天龙的庇护，杨淼渐渐发家致富，不久在东钱湖畔盖起了高楼大屋，还买进了很多良田。然而发家后的杨淼渐渐迷失了自己的本性，有一次，为了和一个财主比富，他用金黄的稻谷铺了几十里路来迎接客人。而且，还在一次宴会上，喝多了酒，竟扬扬得意地在众人面前炫耀自己连真龙都骑过。天机一经泄露，杨淼立即遭到了惩罚。只见那天转瞬间乌云密布，雷鸣电闪，忽而轰隆一声，仿佛天崩地裂，杨淼家连片的高楼大屋瞬间坍塌了下去，湖水涌来，杨淼的大屋连同满屋的金钱全都沉入了湖中。因为金钱在方言里又叫作"铜钱"，人们便把沉了很多铜钱的湖唤作"铜钱湖",而"铜钱"与"东钱"音近,叫着叫着,便又叫成了"东钱湖"。现在如果有人想到东钱湖西岸去寻访传说中的遗址,还能看到湖水退去后田野中遗留的一大片水面上还耸立着的当年杨森大屋厨房的几根石柱子呢。

湖山之际流传的每一个传说,在充满巧合、夸张以及幻想的神奇背后,都深蕴着湖畔人们对于社会、自然、生活的独特理解,对于伦理价值的深刻体认以及对于真善美的美好追求。田螺山传说呈现了人们对于朴实善良的一种价值肯定以及对于美好爱情的讴歌之情;东钱湖由来的传说表现了人们对于不守信用以及炫富不义的鞭挞。每一个传说都植根于人们真实的日常生活、喜怒哀乐以及人情世故中;每一个传说组合起来,便构成了东钱湖的一部艺术化的历史。这部历史,带我们重新窥见星空之下、山水之间深蕴于内心的道德律令。

比如,陶公村曲曲折折的巷弄深处有一座古老的金鲤堂,在那里,村里的老人会为你讲述一个名叫"鲤腹还珠"的传说。以前,陶公村有一对夫妇,男的年仅二十七就因病去世了,妻杨氏,年方十九,为丈夫的英年早逝而痛哭不已以致气绝昏了过去,三日后才苏醒过来,便剪短青丝发誓不再改嫁。因为丈夫平生喜欢吃鲤鱼,每当丈夫忌日,杨氏一定买来鲤鱼烧好供奉。有一次丈夫忌日,遇上干旱,河水枯竭,杨氏去集市上买不到鲤鱼,在回家的路上想起不幸的命运,便又悲从中来,哭得很伤心。边哭边走的时候,忽然遇到一个渔父正好打到一条鲤鱼,于是转悲为喜,出高价以一金买得那条鲤鱼。杨氏祭祀丈夫亡魂完毕后吃鱼,却惊讶地从鱼肚子里发现一金。人们听说此事后,都认为是上天为杨氏的忠贞和哀情感动所致。许多年来,这个传说一直感动着湖畔的人们,清代的陈劢还为之撰写了一篇《金鲤堂记》,记录了这个忠贞不渝、至诚感人的故事。

比如,清代浙东著名学者、藏书家徐时栋的笔记里有一篇文章《记还簪》,记录了流传于东钱湖的一个传说。过去,从东钱湖去城里,走的是水路,坐的是航船。咸丰二年(1852)夏天,从城里到东钱湖的一艘航船靠了岸,一位男子上岸时,看见一少妇在前面走的时候不小心把一枚发间插

田螺山观日平台

"杨淼传说"中沉屋的地方

戴的簪子掉在了地上，于是便捡了起来藏在袖中并暗暗跟着。走了不久，少妇发觉簪子不见后便回头循原路找来，没找到。她见到男子在一旁偷笑，便急问其有无看到过簪子，男子便微微露出袖中簪子给她看了看。少妇哀求男子把簪子还给她，她说簪子是她从邻居家借的，而自己家里贫困根本赔不起。男子答应还簪，然后便往前走。少妇没有办法，只好跟在后面。跟至一道路偏僻近山处，男子便以还簪子为由要轻薄少妇，少妇拒不相从。男子便威胁说不还簪子了，少妇无奈，流着泪欲要屈从时，男子见她可怜的样子忽而起了恻隐之心，便打消了邪念，把簪子还给了少妇。少妇千恩万谢，回家后，隐去轻薄之事，把还簪的事情告诉了丈夫，丈夫也很感激那男子，以后两家还因此走动了起来。又有一天，那男子欲坐航船到城里去，少妇恰好路过船码头，便招呼男子帮她去搬点东西，男子欣然从之。搬好东西回来坐船，发现船已开走，叹息不已。没想到，这艘航船行至半路河面阔处，忽起大风，船覆人亡，无人幸免。男子知晓后惊叹道："那天呼唤我登岸，应是鬼神使人来救我的呀！"于是把这件事情告诉了村里人，人们都大惊失色，从此不敢再有做坏事的妄想。钱湖还簪的传说既寄寓了人们对于道德准则的敬畏之情，也表达了人们善恶有报的朴素信仰。

东钱湖畔还流传着很多传说，二灵山的传说、百步剑的传说、花桐娘娘的传说等，它们和美丽的山水、广袤的田野以及古老的村庄一起，交融成一个山灵水灵的传奇世界，让我们的灵魂重又领受生活的诗意和世界的神性。

美国思想家爱默生说："我们的先辈们与神灵，与自然直接晤面，领承天启；而我们，和他们一样长有双眼的我们，却只能借助他们的双眼来目睹神灵和自然。"无论日出还是日落，无论四季晨昏还是阴晴雨雪，我们在情不自禁地赞美湖光山色时，也终于意识到：在匆忙的人生道路上，我们又错过了多少路上的风景，遗忘了多少湖山之际的传说，错失了多少神谕般的启示。

三、石马秋风两翁仲

　　山行十里乱峰回，相国坟茔紫翠堆。石马秋风两翁仲，杜鹃春雨几亭台。

　　慈云塔下苍苔满，旌德观前红杏开。为忆当年莼菜美，短篷萍末过湖来。

　　元朝末年的一个日子里，诗人刘仁本前来东钱湖寻访南宋宰相史弥远的墓地。斗转星移，秋风春雨，在岁月变迁、季节轮回的光影变幻中，墓道两旁依次站立着的文官、武将以及石马等石刻仿佛将寂寥的时光站成一种始终不渝的忠诚，依然守护着在漠漠时空中渐行渐远的历史故事和人生秘密。

　　史弥远（1164—1233），字同叔，史浩之子。淳熙六年（1179）入官，十四年（1187）举进士，累官至宰相。绍定七年（1234）去世，归葬于东钱湖畔大慈山，朝廷追封卫王，宋理宗御书神道碑额"公忠翊运定策元勋之碑"。史弥远墓及墓道构筑于南宋绍定六年（1233）前后，规模宏大，原墓道长200余米。

　　自宋以来，湖山秀美的东钱湖逐渐成为不少人去世后理想的归宿地，尤其是南宋显赫的史氏家族，绝大部分家族成员去世后都归葬于故乡的东钱湖畔，这就使得东钱湖绵延的青山之间留下了历代官宦、名士的墓葬等丰富的历史遗迹。尽管由于世事沧桑或是时世动荡，很多墓葬遭到了无情的破坏，如今大都已经残损不堪甚至湮没而难以寻踪，但荒芜的墓地前那规格不一、风格各异的石刻却多有留存，穿越时空，见证了时代的风情、历史的烟云和岁月的痕迹。

　　至今留存的东钱湖石刻主要以南宋史氏家族墓道群以及明代内阁大臣余有丁墓道的石刻雕像为代表。其中史氏家族墓道石刻群主要分布在东钱湖畔的下水村、绿野村一带的叶氏太君墓道、史诏墓道，大慈寺到黄梅山一带的史渐墓道、史涓墓道、史弥远墓道，横街村到韩岭村一带的史

钱湖烟雨

山水城市的栖居理想

1. 史弥远墓地
2. 叶氏太君墓道文保碑铭
3. 叶氏太君墓道石刻
4. 史浩墓道
5. 史浩墓道断碑
6. 史浩墓道驮碑龟
7. 史渐墓道

尘世信仰

134

浩墓道,史师仲、史宇之、史守之墓道以及东钱湖外围的东吴的史弥坚、史弥巩墓道,宝幢的史弥忠、史宾之墓道等处。

墓前列置石刻雕像大约从西汉时开始,现存最早的是西汉名将霍去病墓地的石刻雕像,有象、牛、马、猪、虎、羊、"怪兽吃羊"和"马踏匈奴"等,大多根据原石形态,运用圆雕、浮雕、线刻等手法雕刻而成,浑厚粗放,简练传神。其中最著名的为"马踏匈奴",一匹形态轩昂的石马把一个手执弓箭的匈奴士兵踏倒在地,非常形象而又充满象征意义地表现了霍去病建立的赫赫战功以及汉帝国的强盛气势。但是在西汉时期,墓前列置石刻雕像还属个例,到了东汉,才逐渐形成定制。而后,历经魏晋南北朝和隋唐等时期的演变,到了宋代,有着显赫身份或功勋的官宦墓前列置石刻雕像已成一种成熟的墓葬制度,从墓道入口处开始,除石牌坊、石华表和石碑亭外,石笋、石羊、石虎、石马、武将、文官依次成对列置墓道两侧。

墓前石刻雕像不仅具有自己原初在伦理上的象征意义,比如文官寓意为"忠",武将寓意为"勇",石马寓意为"义"等,而且也拥有自己丰厚的审美意蕴。这种审美意蕴,会在漫长的时光之流中越来越积淀成为一种美丽、厚重而又永恒的艺术图景。

在东钱湖沿湖部分留存的古代墓地上,可以看到墓道两侧的文官头戴高冠,身穿官袍,双手执笏,内敛沉静;武将头戴缨盔,身披甲胄,双手按剑,威武肃穆;石马披鞍系缰,恭敬站立;石虎昂首踞坐,雄视前方;石羊盘腿卧地,温柔驯服。那一个个栩栩如生的古老造型,在幽寂的天地山野之间,仿佛又复活了一段段远去的历史。

在雕琢技巧上,东钱湖石刻既注重造型的气势,也注重细节的真实,综合运用高浮雕、镂雕以及透雕等技法,雕刻精细,不留雕琢痕迹,使得石刻产生了一种逼真的效果和真实的美感。即使是人物服饰上的结饰处理,也没有简单化和雷同化,而是根据人物的身份进行了细致的雕琢,万字结、酢浆草结、绶带结、八字结、双翼蝴蝶结以及太极结等,勾连、重叠、扣合、缠绕,疏密相间,曲直变化,都是那么自然飘逸,充满美感;包括人物衣褶带纹的刻画,也是力求表现其质地感,真实而又洗练,粗细与繁简有

钱湖烟雨

山水城市的栖居理想

尘世信仰

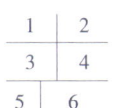

1. 南宋石刻公园

2.3.4.5.6. 南宋石刻

机地统一在一起，让人回味无尽。那种细节的真实所带来的现场观感以及繁复的精致所产生的古典美感，会让置身其间的观赏者觉得历史仿佛不曾远去。

在写实的基础上，东钱湖的石刻艺术也在一定程度上追求写意的浪漫主义风格。比如福泉山的一对石虎除了普遍的造型之外，匠心独运之处在于雄虎的斑纹竟富有想象力地用云纹和叶状纹来雕饰；还有大慈山一匹石马马鞍上的缠枝牡丹，丰满的花朵与叶子所呈现出来的雍容华贵的气质，依然保留着汉唐时代奔放的遗风。

其实，雕刻是历史与时代的镜像，一个时代的雕刻往往呈现出一个时代的文化精神。宋代开国君主鉴于中唐以后藩镇割据以及五代十国武夫跋扈、悍将称雄的历史教训，一直奉行崇文抑武的国策，使得有宋一代形成了温文尔雅的礼仪文化。东钱湖南宋时期史氏家族墓道的石刻群就非常典型地反映了宋代的这种文化面貌和精神气度。比如，文官往往表情含蓄，和蔼谦逊，体现出士大夫深刻的内涵和良好的修养；武将少有金刚怒目的威严，也大都是一副儒将风范，外武内文，温和可亲。即使是石刻中的那些动物雕像，也是神情温和，给人以驯服温顺的感觉。

如果以东钱湖南宋石刻与同样在东钱湖畔的明代余有丁墓道石刻作比较，也能看出不同时代之间社会风貌和文化气质的差异。宋代总体上社会开放，思想宽容，文艺繁荣，而明代社会逐渐走向保守，思想渐近钳制，科举趋于僵化，这种社会风貌和文化气质的差异在东钱湖南宋石刻的文官雕像与明代余有丁墓道的文官雕像身上鲜明地折射出来。除了服饰的不同，最典型的是他们的面部容貌和神情的差别，南宋文官脸庞丰满，和蔼的表情中呈现着一种慈祥，而明代文官则脸庞瘦削，尽管嘴角也带着一丝微笑，但这微笑有时看上去却透露着一丝难以捉摸的神秘。

宋代文化的昌盛使其在很多领域创造了一种古典的精致和法式。比如在营造方面，北宋不再追求建筑的规模宏大，而是注重于内部空间的层次、装饰、色彩以及意境。朝廷颁布了一部建筑设计、施工的规范书《营造法式》，对石作、砖作、小木作、彩画等设计和施工都有详细的说明和图样，明显地体现出宋代建筑在艺术形象和雕刻装饰等加工工艺方面比唐朝建筑更加精致和严谨。如对柱梁、斗栱等木构件，不仅规定了它们的结构尺寸和构造方法，也规定了它们的艺术加工方法。这种精神其实也体现在墓道石刻上。东钱湖南宋石刻中那些墓庐、牌坊，无论是结构和柱式，还是石构件如斗栱、瓦当等，都符合《营造法式》的尺度。而且，文官的衣冠，武将的盔甲，无论是型制还是纹样，也都符合典籍中的相应范式。

自汉代以来，历朝都拥有自己的大型墓葬石刻群，尤其体现在皇家陵墓上。除陕西兴平的汉代霍去病墓石刻之外，历代如江苏南京的六朝墓道石刻、陕西关中地区的唐陵、河南巩义的北宋帝陵、江苏南京的明孝陵和北京的明十三陵、河北保定的清西陵和唐山的东陵，墓地石刻都规模大，规格高。然南宋时期的皇家陵墓石刻却不多见，这里有其自身的历史原因。据说，南宋帝王志在收复北地，希望有朝一日北归中原，因此去世后王陵墓道的营建相对简易。而东钱湖南宋石刻遗存则填补了我国南宋时期雕塑史以及文物考古史的空白，为研究宋代汉族文化艺术、衣冠服饰、工艺美术、民俗风情以及墓葬制度等提供了宝贵的实证依据。

如今，东钱湖旅游景区以原史渐墓道为依托，在黄梅山脚下，建成了一座南宋石刻公园，将散落在各地的墓前石刻收集起来，按照石刻类别，建成了瞻仰之道、百代师表、吉祥之道、历史沧桑、南宋衣冠、闾陌气节等多个景点，以供游人观瞻。

德国思想家黑格尔说："在真正的雕刻形象里我们可以看到一种静穆而深刻的意味，其中包含有使一切力量得到实现的潜能。"有一天，当你前来南宋石刻公园寻访，在午后的阳光中那些文官武将脸上偶尔闪现的笑容仿佛悄悄地递来一种历史的暗示，让人在瞬间了悟短暂人生背后的那种不可言喻的深刻意味，并看到文化传承与复兴的力量。

四、寺外青山山外水

天下名山僧占多。山水绝佳之处，常有佛寺的点睛之笔。

绵延的青山之中，那深藏的古寺忽而当当敲响的钟声，随着山风迢迢而来，惊醒我们尘世的执迷；茫茫的湖对岸，那山麓湖畔黄墙黛瓦、飞檐翘角的古寺，连同层层叠叠的山影以及水中古寺的倒影，抹亮寂寥的时空。

且不提佛教文化里那诸般智慧是如何引导人通过修习来发现生命和宇宙的真谛并由此超越生命的生死苦痛，单说那山水之间的一座座古寺，早以中国文化中一种重要的审美意象，深深地镌刻在我们隔世的乡愁中。"清晨入古寺，初日照高林"，"姑苏城外寒山寺，夜半钟声到客船"，"南朝四百八十寺，多少楼台烟雨中"，诗歌史上那些经典的诗句，总会在绵长的时光里，还原出人生羁旅、山水之途中古寺之于景观、之于生命、之于文化历史的深刻意义。

在东钱湖畔，在湖山之际，一个人可以沿着杨柳依依的湖堤或曲曲折折的山径，前去寻访古木深处的禅寺，也可以隔着山、隔着水与古寺相看，叩问历史与灵魂深处的那种隐秘。

霞屿，又名小普陀，南宋时已建有霞屿禅寺和观音洞、望湖亭等胜迹，距今已有八百多年的历史。其中，观音洞是凿成于南宋中叶的一个佛教石窟，石窟上凿有"补陀洞天"四字。

这个石窟相传为南宋宰相史浩侄孙史岩之所凿建。史家世居东钱湖

霞屿禅寺

补陀洞天

之畔，史岩之的母亲信仰佛教，平时常去南海普陀朝山进香，后来因年老且双目失明，一直难以成行。史岩之至孝，虑及老母心愿，便想出了一个好办法，雇人暗中在霞屿上凿建一个石窟，洞中雕凿石观音、护法神、飞龙等造像，建立观音道场。待一切布置停当，然后便请老母去普陀进香。

起航后，船工按史岩之的吩咐，扬起风帆，摇起橹桨，船就在东钱湖中周游。同时，船工隔时向老母报告"船到招宝山了""船过沈家门了"。这样三天三夜之后，船到霞屿靠岸，船工又高声报告："普陀山到了！"于是，霞屿寺早已知情的和尚便念经诵唱，让史母信以为真，确信自己到了普陀

霞屿禅寺

山。而后,史岩之便扶着老母进入石窟,烧香拜佛,了其心愿。

　　沧海桑田,世事变迁,千年之后,霞屿禅寺已倾毁无迹可寻,而那个南宋石窟也不知从何时起湮没无闻。只有在古典文献中看到明朝诗人杨守阯的那首《游霞屿山》,才突然明白历史的虚幻和真实常常就在刹那间悄悄地演绎和转变。

　　杨守阯,字维立,号碧川,鄞县人。明成化戊戌年间他参加廷试,名列第二,后授翰林院编修,擢侍讲学士,吏部左侍郎,死后赠太子少保。在别人的眼里,杨守阯的一生可谓仕途顺利,名声显赫;然而在诗人的心里,无论功名多么辉煌,他的心里最终盛放的是故乡的那片山水。即使远在京城,他也常常会在城墙的高处回望万重山外的遥远的故乡。

　　　　东游如入辋川图,野马沙禽相唤呼。碧树森罗三宝地,青山环绕万金湖。人逢首夏衣穿葛,节近端阳酒泛蒲。一宿招提问禅语,面墙今有达摩无?

　　这是杨守阯写的一首叫《游霞屿山》的诗歌。他想起故乡东钱湖的美丽风光,青山环绕,碧波万顷;他想起一个初夏的季节,和友人一起登临东钱湖中霞屿时的那段时光,是多么的惬意。

那时,杨守阯觉得好像来到了唐代诗人王维所描绘的辋川风光里了。辋川是一水名,即辋谷水,诸水会合如车辋环凑,故名。王维中年淡出官场后,很多时光就是在辋川边度过。在那里,他画画,曾作《辋川图》;他写诗,他的诗集中有不少诗歌都和辋川有关。可以说,辋川的风光给了诗人王维在落寞的岁月里最大的生命慰藉。

杨守阯站在霞屿山上悠然四望,只见沙滩上的水鸟时而栖息,时而翩飞;状如奔马的云气也时卷时舒,仿佛与水鸟相互唤呼,一起嬉戏。初夏的天气是那么的爽朗,人们开始穿上葛布作的薄衣,一身轻松。端午节也近了,附近的村庄里飘来家家自己酿制的黄米酒的香味。诗人沉浸在东钱湖的美景中,忘了归途,于是晚上就宿在霞屿山边的寺院里。这寺院,古人有时又叫作"招提"或"三宝地"。

"面墙今有达摩无?"诗人跟寺院里的僧人聊起了达摩面壁的故事。达摩,即菩提达摩,中国佛教禅宗的创始者,相传为南天竺人。南朝宋末航海到广州,又北往洛阳,后住嵩山少林寺。相传,达摩在少林寺面壁打坐九年,在石壁上留下了深深的印痕。

就在霞屿的那个晚上,诗人枕着钱湖的涛声,心里渐渐地涌生一种禅意。这禅意,就和八百年前王维在辋川的那段心情一样,如月辉般纯净,如泉水般澄澈;这禅意,又像一朵云霞,萦绕在霞屿上,永久不散。

清代有个诗人陈宜坊,造访霞屿观音洞,又把这份禅意轻轻地谱进了他的诗中:

> 古刹经营记昔年,凿成小小洞中天。老僧卧起浑无事,收拾残霞补衲肩。

昨日重现,当我们站在东钱湖之畔,边在心里默诵着古人的诗歌,边遥望着湖心霞屿的那抹艳影时,便会深深地感悟到:那些感动人心的传

水上观音

说和充满禅意的诗歌,就是湖的灵魂、山的灵魂啊!任凭风雨敲打,岁月的痕迹灰飞烟灭,曾经的风景依然会在历史的深处绽放出它永恒的美丽。

20世纪后期,村民在霞屿山上取石修建湖堤的时候,奇迹般地发现了石窟的洞口。洞口上南宋时所刻的"补陀洞天"四字依旧如此的清晰和遒劲。走进洞内,观音像、护法神像、飞龙像依然栩栩如生。一时间,四方惊呼,方圆几里内的善男信女纷纷而来,进香朝拜,甚而在洞中守夜不去。不久,霞屿寺在众人的募捐中也重建了起来。

历史在这时又悄然复原。如今,当你再次登临霞屿,流连于钱堤烟波、清风香桂、澄湖明月、霞屿锁岚、补陀洞天、山僧呼舶等景观之间时,禁不住会产生不知今夕何夕的超越时空的生命深邃的感觉。

东钱湖之北,与霞屿隔湖相对的就是月波山,月波山下曾有座著名的古寺——月波寺。山脊弯弯,如月映水,在每一个晨昏,月波山洋溢着她迷人的清辉。

  有时，去东钱湖，不一定要直接抵达月波山，先可以选择一个黄昏，漫步湖心长堤，走向霞屿，或荡舟湖上，登岸二灵。然后选择一个朝向月波山的静静的角落，看月波山色，直至日落月升。

  看山，就需要这样一段距离。隔着渺渺烟波，伴着云影天光，月波山的身影，重重叠叠，浓浓淡淡，绰约婀娜。那时，灵魂中一定会有一种欣然相遇的沉醉之感。你会觉得你在看月波山的同时，月波山也在看你，相看两不厌，只有月波山在那漠漠的天地间，在你含情脉脉的眼眸中，呈现出一种卓绝千古的惊艳之美。

  也只有在那时，你才会在蓦然之间彻悟禅说里青原惟信禅师那段话背后所蕴涵的永恒的真谛。禅师云：

> 老僧三十年前未参禅时，见山是山，见水是水。及至后来，亲见知识，有个入处，见山不是山，见水不是水。而今得个休歇处，依前见山只是山，见水只是水。

  而后，你再走近月波山，就不会再觉得陌生。你会在月波山脚下依稀听见几百年前月波寺的钟声，你仿佛就是前朝那位曾来此地寻访旧迹、抚今怀古的诗人，终于在一个秋天闲适的时刻来到了这个自己多少年来魂牵梦绕的湖滨胜地。

> 滨湖小筑最清幽，胜地偏从世外留。僧卧白云和梦冷，山含微雨入庭秋。越王洞里烟长护，余相庄前水自流。凭吊空余陈迹在，夜深蝙蝠上书楼。

  在清代诗人王信德的眼中，眼前的这座月波寺并不像想象中的那么恢宏，但很精致，又十分清幽，背山面水，仿佛一个世外的桃源，阻隔了原本世俗的时空。在这里，很多东西都可以轻轻放下，诗人似乎又找到了一

月波山

段纯粹的时光,让自己久已疲惫的心灵自由地挥洒。

"僧卧白云和梦冷,山含微雨入庭秋。"雨后的山湿润得像一朵浓浓的云,随着东钱湖的清波一起荡漾,满庭的秋色在一片片飘落的银杏叶子上闪射出前世的光芒;僧人静寂的心灵像一汪深潭,倒映着随风而逝的流云和梦影。

那寺院中南宋宰相史浩营建的越王洞还在,明朝相国余有丁曾经构筑过的庄园和书楼遗迹还在,流水潺潺。只是,很多人和很多往事不在了,夜深的时候,只有蝙蝠们在蛛网张结的书楼上扑棱棱地乱飞。

其实,后来的很多诗人在月波山下,在月波寺中,找到的也都只是那么一段虚空的时光和寂寥的心情。有一位名叫张钦选的诗人在月波寺越王洞(或名月波洞)里枕着钱湖的涛声住了一宿,一梦醒来,写下了这么一首七言绝句:

东湖山寺耐婆娑,石洞遥看月在波。世事多从流影去,只余云物老松萝。

世事多从流影去，月波山下的风物人事几多变幻，几多感慨。

月波寺，南宋淳熙五年（1178）由当时的丞相史浩所建，请赐慈悲普济额。同时，史浩又建月波楼，还叠石成岩，名为宝陀洞天。后史浩过镇江金山寺，见水陆道场盛会，于是又于寺内建四时水陆道场。史浩在《鄮峰真隐漫录》的《请伦讲师住月波水陆院疏》中曾记录下当时月波寺湖光华宇交相辉映的禅境胜景，其曰：

> 风烟佳处，钟梵饱闻。下临万顷澄波，中印一轮明月。龙天呵护，两宫之睿藻交辉。星斗昭回，储禁之神毫焕发。

南宋高僧志磐也深为月波寺的禅境胜景所吸引，曾寓于月波寺多年，在月波寺宁静的时光里写出了纪传体佛教史名著《佛祖统纪》。

明洪武十五年（1382）寺院定名月波，二十年（1387）月波寺毁圮。正统十四年（1449）重建，后复又倾圮。明万历年间在吏部尚书任上告归的余有丁购得寺院废址，取意陶渊明的《归去来兮辞》构建五柳庄。万历皇帝御书"名山洞府"，并赐以建坊，东钱湖十大胜景之一"余相书楼"即是。余有丁对于五柳庄的营建，可谓煞费苦心。他借鉴天下园林之胜，选其精要而用。庄内亭榭楼阁，都以《归去来兮辞》中的词语来命名，融入古典情韵；一树一花、一石一丘，都巧妙营构，匠心独运。可惜余有丁无福享受湖畔园林胜景，庄园快要落成时，朝廷征召他担任礼部尚书兼文渊阁大学士，只得依依惜别美丽的东钱湖。

五柳庄到清代时已经渐趋衰败荒芜，清康熙十年（1671），余氏后人归五柳庄地重建殿宇，并于寺院西庑附祀余有丁。如今，寺院又毁圮已尽，只有钱湖的波涛在柳岸边打了又回。

有时，一部历史就只是简简单单的建筑的历史，所有的盛衰都最形象地写在建筑的兴废上。如今，当我们站在月波山下月波寺曾经的遗址上，仿佛一下子明白了历史背后的那种隐秘。

一样的四季晨昏，一样的湖光山色，一样的鸟啼莺语，而月波寺的风貌已无法在记忆的苦苦追寻中一一复原，只有不无惆怅地在旧志所记载的片言只语中去怀想一段曾经的岁月风华。志曰：

山门外，石坊尚存，二柱刻有：大湖流日月，深谷驻乾坤。

月波寺大殿后石壁间，句云：山川乱云日，楼榭入烟霄。不书岁月姓名。

隐约间，月波寺的钟声仿佛又在历史的深处静静地敲响，贴着钱湖浩瀚的水面迢迢而来。

从晚唐、五代以降，东钱湖因其湖山秀美逐渐成为佛寺的集中之地，尤其到了南宋，由于湖畔崛起的"一门三宰相，四世两封王"的史氏家族的倾力赞助和延请，除了霞屿寺和月波寺，不少佛寺都得以重修或新建，不少高僧驻锡于此，以至沿湖星列的佛寺形成了一道重要的佛教文化景观带。湖光山色以及禅院钟声、梵呗香缕，不仅慰藉着尘世中一个个疲惫的灵魂，也使不少诗人跋涉千山万水一路寻访而来并流连其间，甚至还有许多日本僧人怀着对信仰的执着漂洋过海前来东钱湖学法。

福泉山脚下的大慈寺始建于五代后晋天福三年（938），宋绍兴二十年（1150）得以重建。宋嘉定十三年（1220），南宋宰相史弥远立为功德寺后，又得到了很好的修缮和扩建。参天的古树，巍峨的殿宇，庄严的佛像，精美的石塔，幽深的放生池，大慈寺成为了当时的湖滨胜地、浙东禅宗名刹。

南宋时代不少著名禅宗高僧曾在此住持或学法，比如笑翁妙堪禅师，他在大慈寺讲经说法，听者可谓云集；他临终时的那首偈语"业镜高悬，七十二年。一槌击碎，大道坦然"，如今读来依然会穿越时空，给我们的灵魂以棒喝。

著有二十卷中国佛教禅宗重要史书《五灯会元》的大川普济禅师，曾先后住持东钱湖畔的大慈寺，杭州西子湖畔的净慈寺和灵隐寺。他住持大慈寺时，日本高僧寂岩禅了入宋后还特来参谒。

钱湖烟雨 山水城市的栖居理想

史氏家族功德寺：大慈禅寺

大慈禅寺大雄宝殿

尘世信仰

物初大观禅师住持大慈寺期间，前来学法者也是络绎不绝。日本高僧樵谷惟仙还拜物初大观为师，师徒间结下了深厚的情谊。樵谷惟仙回国后，物初大观曾赠诗一首：

三名声中密意通，分明饭布裹春风。休论亲切不亲切，巨航回程至海东。

还有赴日弘法、成为日本镰仓圆觉寺开山祖师的无学祖元禅师也曾在大慈寺学佛。有一天，他在大慈寺后山一口圆井边汲水，因观辘轳转动而豁然悟道，这口圆井至今尚在。

日本曹洞宗开山祖师道元法师于1223年入宋后，也曾云游至大慈寺，探究禅宗奥义。日本越前永平寺希玄道元的弟子寒岩义尹于1253年入宋后，也先后到灵隐寺、大慈寺参禅，大慈寺优美的古风禅韵给他留下了深刻的印象；他回到日本后就在肥后（今日本九州西部熊本市）以南宋大慈寺为蓝本仿建了大梁山大慈寺，并定名为"大慈禅寺"，并尊明州大慈禅寺为"祖庭"。继寒岩义尹之后，日本玉山佛智大通禅师在南宋学佛期间，也曾特意到大慈禅寺学法，回国后在九州东部日向创建了同名的大慈禅寺。

尽管岁月沧桑，南宋名寺、浙东名刹大慈寺也终究没有抵得过时光的无情侵蚀而终至废圮，但那时光深处曾经谱写下的一段段文化交流的佳话却依然不曾逝去。日本著名佛学家村上博优曾于20世纪末前来大慈寺遗址朝拜，他在《云游的足迹》中深情地写道："虽然大慈寺今已废圮，但它给日本禅宗佛教的影响是重大的，饮水思源，我们不能忘记过去。"幸运的是，新世纪伊始，在文化复兴的使命召唤下，大慈寺的复建工程终又提上了日程。

湖泊一掬石崚嶒，村落人家屋几层。寺外青山山外水，隔花犬吠看云僧。

这是诗人胡宋铨寻访东钱湖山水胜景和佛寺禅境时写下的一首诗歌。"寺外青山山外水，隔花犬吠看云僧"，那充满禅意的古寺、入定的僧人，和连绵的青山、浩渺的湖波一起，永远成为我们心中一道时时追忆的梦影。

五、迎神烟火赛年丰

如果说，素有"西子风光，太湖气魄"的东钱湖是环湖三十六个村庄生活的源头，那么向湖而建的祠堂和庙宇则是那一个个村庄精神的源头。

去东钱湖，可看湖，看山，看云，看日出日落，看四季轮转；可看船，看塔，看寺，看弄堂，看塘堰；也可看老祠堂，看古庙宇。

环湖而居的每个家族都建有自己宗姓的祠堂，如史氏宗祠、钱氏宗祠、郑氏宗祠、项氏宗祠、忻氏宗祠、戴氏宗祠、金氏宗祠等，分别建在每个家族自己的聚居地上，奉祀祖先，商议族务。祠堂是家族的圣殿，每一个家族都会倾其全力营建这座凝聚家族精神的公共建筑，无论是建筑规模、空间布局，还是建筑用材、艺术装饰，都在合乎礼法的同时极力追求美轮美奂。

祠堂的兴建在民间的逐渐盛行始于宋朝，尤其是理学的兴起，使得报本反始、尊祖敬宗成为一种家族血统信仰的需要，朱熹在他的《家礼》中开宗明义地说道：

> 今以报本反始之心、尊祖敬宗之意，实有家名分之守，所以开业传世之本也，故特著此，冠于篇端，使览者知所以先立乎其大者，而凡后篇所以周旋、升降、出入、向背之曲折，亦有所据以考焉。然古之庙制，不见于经，且今士庶人之贱，亦有所不得为者，故特以祠堂名之，而其制度，亦多用俗礼云。

除了例行祭祀和处理公共事务外，每个宗族都会依托祠堂确立自己家族的传统伦理精神,并制定训诫或条规。这些条规有的镌刻在祠堂石碑上,有的记述于族谱中,借助对先祖的敬畏心,对家族的族众起到约束、教化和激励作用。

比如四明史氏宗祠堂号均称"八行堂",其家谱中记录有《述祖德八行垂训》,比较详尽诠释了"孝、友、睦、姻、任、恤、中、和"这八行的内涵,比如"孝"是中庸之德,百行之原;"友"是合兄敦弟笃而言,要求道义相成,有无与共;"睦"包括"厚雍""和而实"二意,实则亲之之意;"姻"要求导之以和,交之以礼;"任"谓不为私欲蒙蔽,身体而力行,"隐居养晦,为圣贤之仔肩;论道经邦,为郡民所倚藉";"恤"包括赈恤和钦恤,原则上是恻情施惠,量力而行;"中"意为"不偏不倚,无过不及",这是天下之大本;"和"是"情之正道之用也",要求喜怒哀乐都能中节。

比如高钱村的钱氏家族世代都奉行先祖钱镠的遗训,钱氏后人曾根据钱镠生平的修身、齐家、治国、平天下的言论编纂而成一篇钱氏家训,分个人、家庭、社会和国家四编。其中在个人方面要求"心术不可得罪于天地,言行皆当无愧于圣贤"、"持躬不可不谨严;临财不可不廉介;处事不可不决断;存心不可不宽厚"等,在家庭方面要求"欲造优美之家庭,须立良好之规则"、"家富提携宗族,置义塾与公田;岁饥赈济亲朋,筹仁浆与义粟"、"忠厚传家,乃能长久"等,在社会方面要求"信交朋友,惠普乡邻;恤寡矜孤,敬老怀幼;救灾周急,排难解纷"等,在国家方面则要求"执法如山,守身如玉,爱民如子,去蠹如仇"、"利在一身者勿谋也,利在天下者必谋之;利在一时者固谋也,利在万世者更谋之"等。

这些家训不仅激励着一个家族世世代代克己修身、践行道义以光宗耀祖,而且对于一个社会移风易俗、树立新风具有重大的功德意义。尽管在很长的一段时间内,很多家族祠堂遭遇了破败的命运,尤其是在上世纪政治运动时期,不少宗祠先被征用,后被废弃,以致门楼残破,墙倒壁塌,瓦砾遍地,杂草丛生;但所幸后来政治解禁,传统文化始又得到尊重,在宗亲乡贤的倡议下,族人募集资金,东钱湖畔的很多祠堂在世纪初重又得到了完好的修复。

钱湖烟雨

山水城市的栖居理想

鹿山

　　湖风习习，每次去寻访湖畔那一幢幢轩昂的祠堂建筑，看着高耸的旗斗杆，看着建筑群错落有致伸展着的马头墙，看着古老的祠堂在一个新的时代重现辉煌，你会深深地感悟到，其间修复的不仅仅是一种血浓于水的感情，还是一脉相系的文化。

　　湖畔庙宇著名的有圣迹庙、青山庙、裴君庙、忠应庙和岳王庙等，它们供奉的大都是历史上的忠臣、良将和贤士。

　　圣迹庙在鹿山之上。鹿山，在梅湖之北，上有六峰，其东有岭曰马岭。每一座有名字的山都有一个故事。山在人们给它命名之前都是沉默的，山在人们给它命名之后就开始讲述。鹿山的命名就跟这么一个故事有关：相传鲍郎尝在此山见到一头鹿，忙弯弓搭箭射之，一箭射中。忙走过去一看，才发现，射中之物非鹿，而是一石室。而箭头深深地扎在了石头中。

尘世信仰

1	2
3	4

1. 西亭庙　　2. 南亭庙
3. 山前庙　　4. 山前庙前木匾

　　鲍郎射鹿的传说和汉朝李广射虎的故事有着共同的叙事模型。李广是汉朝大将，善骑射，屡立战功，人称"飞将军"。一日黄昏，李广狩猎回来，只见路边草丛中似乎有一黑影晃动，形状似虎。李广猛一惊吓，便忙拉弓搭箭，一箭射去，正中猎物。接着李广和随从策马上前察看和搜取猎物，才发现原来所射并非一虎，而是一块巨石，而箭镞已深深地没入石中，不觉惊异非常，众随从亦啧啧叹为神奇。李广觉得此事有点不可思议，于是便又回到原处上马重射，可是连射数箭，均不能入石。许多年后，不经意间触及或想起这样的传说或故事依然不免让人拍案惊奇。

　　据《东钱湖志》记载，当时鲍郎射鹿的没石之遗镞尚在，若访者默不作声地去摇它，箭镞会动；若说说笑笑去摇它，那箭镞则纹丝不动。当鹿山脚下村庄里的大人们跟孩子们玄而又玄地讲起鲍郎射鹿的故事的时候，孩子们的心中总是充满了无比的惊奇。于是，孩子们常常趁大人们外出劳作的时候，三五相约，偷偷地溜到鹿山上去寻找那根没入石中的箭镞，也想去摇一摇，看看是否能摇得动。他们漫山地寻找，就是找不到。他们只是见到了山上有一座破旧的庙和一方行将湮没的古墓。

　　清代诗人李邺嗣曾来此处寻访，有诗写道："鲍郎射鹿几时回，不数将军没石才。遗庙至今传伏腊，墓前狼藉数花开。"那庙就是圣迹庙，在鹿山之北数十步，分祀鲍盖；那墓就是鲍盖墓，鲍盖去世后就归葬此处，李邺嗣诗中所说的"鲍郎"应指鲍盖的神灵，射鹿的传说应从鲍盖这个历史人物的身上衍化而来。

　　而说起鲍盖，这个人物已经成了鄞县乃至宁波的一个历史文化现象。据民国《鄞县通志》记载来统计，当时鄞县城乡共有鲍盖庙达68座，约占全县庙宇的五分之一，其中尤以鹿山鲍盖墓周边的东钱湖、邱隘等居多。例如圣迹庙、青山庙、山前庙、东亭庙、西亭庙、南亭庙、北亭庙、东吴大庙、小梅庙、府王庙等，均在东钱湖一带，自唐宋迄今，祭祀历千载而不衰。

　　相传鲍盖原是西晋时期鄧县（即古时鄞县）的一个小县吏。公元316年，鲍盖奉命押送一批粮食到外地，船到东钱湖鹿江一带，因风浪滔天，近岸停靠。那时，鄧县大地正遭遇一场百年不遇的灾荒，民不聊生，饿殍遍野。鲍盖听到两岸饥民的哀号，禁不住泪流满面。于是，他断然下令，把船上所有的官粮分送给沿岸奄奄一息的灾民。事后，鲍盖自知死罪难逃，便一人独担罪责，毅然跳江自尽。后来，百姓从江中打捞出了英雄的遗体，悲伤地把他安葬在了梅湖之北高钱下王鹿山这个地方。

　　英雄舍身济民的事迹感天动地，当地百姓纷纷立庙祭祀他。后来，英雄被不断地神化，譬如百姓把鲍盖尊为菩萨，并传说鲍盖菩萨的胡须可以孵米并能使米不生虫。因而，在城内，每年的农历九月半，人们将鲍盖塑像抬出祭祀鲍盖的灵应大庙，全城巡游，鸣锣开道，非常热闹。那时，调皮的孩童们便会偷偷上前，拔下鲍盖像的胡须，回去藏在米缸内。而在东钱湖，旧时每逢农历九月十一、十六，都会举办当地最热闹的祝祀鲍盖的庙会。

忠应庙　　　　　　　　　　　　　　　　　　　忠应庙戏台

岳鄂王庙

　　青山有幸埋忠骨，后世很多诗人在游览东钱湖的时候，总不管山路蜿蜒险阻，不时前去鹿山寻访圣迹庙、鲍盖墓和传说中的鲍郎射鹿处，在那儿回想英雄事迹，追怀世事沧桑，于是不免又像诗人李邺嗣一样从内心生发出无限感慨。

　　"鲍十八，裴十八"，裴君庙在湖区也建有十八座，以俞塘裴君庙最为有名，传说为纪念除暴安良的唐代浙东观察使裴肃；也有传说为纪念为

疏浚东钱湖而献身的十八位姓裴的青年。

忠应庙在湖东南一个叫下水的村庄里，为纪念治理东钱湖有功的北宋名臣王安石；岳鄂王庙则在湖西北的湖湾处，建在延伸至湖中的瓜屿上，为纪念南宋抗金名将岳飞。

在湖畔一座座古老的庙宇间寻访，肃穆的空间之中，你也会分明感到，一个民族史册上大写着的"忠义"两字，依然在广阔的民间深远流播。

青山庙里的一副楹联写着："战龙驱蛟涤浊，庆风调雨顺；张弓射鹿镇山，保一方平安。"裴君庙里的一副楹联写着："有功于民，合三岛五畿，兵戈尽戢；欲报之袚，宜千秋万祀，俎豆常新。"王安石庙里的一副楹联写着："东钱湖边仰先贤，楷模在望；福泉山下看今人，壮志更振。"岳鄂王庙里的一副楹联则写着："义勇冠三军，血气凝代湖水碧；精忠昭万古，心光照出晚霞丹。"铭记先贤，不忘功德，那庙宇里的一副副楹联，表达着湖畔人们最朴实的道德信仰。

庙宇和家族的祠堂一样，往往是当地最华美的公共建筑。它们的建筑结构和空间比较相近，基本由门楼、戏台、天井、正厅（殿堂）和厢楼组成。它们的丰富性更多地体现在建筑装饰上，精美的砖雕、木雕和石雕或

湖畔古庙

是壁画所表现的无不都是关于"忠孝仁义礼智信"的历史故事和民间传说,这是中国人做人的根本所在。

湖畔的人们将自己的村庄和俗世的生活安顿在山美水美的湖山之际后,并没有忘却为自己的灵魂生活树立起一生敬仰的精神偶像,构建起时常可以膜拜的信仰空间,建立起一种朴素而又高尚的道德信仰和价值体系。

当然,有信仰的生活不一定都非得用一种中规中矩的方式。在这一座座精神圣殿里,人们除了庄重的祭拜,也会用一种属于民间的俗世娱乐的方式来完成一种人文伦理的熏陶和崇高信仰的传递。人们会举办热闹的庙会,也会请来民间的戏班子在祠庙古老的戏台上演出。那一出出戏的内容跟祠庙檐下柱头墙上雕刻绘画的几乎都是一脉相承,在娱神娱己的同时,一场场交织着感恩与崇敬的最最生动的道德教化在潜移默化之间得到了实现。

比如,青山庙有三大节日。一是演庙戏,农历九月初十至十五,在青山庙演戏五天五夜。二是迎庙会,农历九月十四至十五,迎会一天一夜;十四上午到青山庙内大殿抬菩萨,称菩萨出殿,依次从梅湖、姜浪、水门

古庙瓦檐

漕、章隘、旧宅、鹿山头、下王、方水绕游；所经村庄都要设祭迎神，村口叠起八仙桌，陈设供品，点燃香烛，跪拜神像。三是鲍神庙会，农历六月初二到初四夜，共三天。

岳鄂王庙庙会也相似，过去的热闹场景在湖畔的一些老人的记忆中还是那么清晰。庙会人山人海，一不小心就会被挤到湖里去；庙会上唱戏说书，昼夜管弦不绝；尤其当庙会举行到"岳老爷"出殿仪式时，鞭炮惊天，锣鼓动地，湖上数十艘彩船齐发，前有龙舟开道，后有旗幡压阵，更是热闹非凡。湖畔人们以神灵的名义，把俗世生活的趣味演绎到了极致。

比如陶公山画船殿（龙舟殿）的画船菩萨出巡庙会，还跟龙船赛一起举办，也是热闹非凡。一般在清晨六点不到，人们把龙舟殿里的画船菩萨梳理打扮好，就由众人抬着巡游陶公古村。最前面有人扛着旗幡鸣锣开道，而后村里德高望重的老人手捧画船菩萨牌位和画船菩萨官印，再后面女子腰鼓队腰鼓齐奏。画船菩萨巡行的路上共有12个接喜点：山头堂檐彝训堂、坎下堂檐金鲤堂、四如堂、老大房听彝堂、厅屋里、曹家堂檐、罗家堂檐、昌门里堂檐、朱家宗堂天缘堂、王家祠堂、余家祠堂、许家祠堂。沿途虔诚的村民老夫妻，站在家门口奉香迎候。

如今,也曾在历史的禁忌中沉寂很多年的庙会重又回到了民众的生活中。年前,我就在湖畔一座刚刚修复的古庙庙会上看过一出戏。那出戏演的是《岳母刺字》,还记得扮演岳母的老旦那高亢苍劲的唱腔,在一个古典的空间里,把"忠义"两字演绎得淋漓尽致,赢得台下看戏的人们阵阵热烈的掌声。

那一刻,你会懂得,在柔媚的江南,在风月无边的湖畔,世代居于其间的人们并没有把这里当成纯粹的桃花源,也没有把自己当成明月清风里不问世事的樵夫渔翁,他们的心中分明有着一杆秤,知道孰是孰非、孰轻孰重。

【后记】

遇见,东钱湖

感谢命运能够让我遇见一座湖。

湖以它的静深、澄明和美丽，让我在寻常的生活中，看见意义。

感谢命运还让我在最好的年华于湖畔遇见一位水一样的女子。

她自小在湖边长大，比我更懂得湖。后来，她成了我的妻子，陪着我遍访湖光山色里的每一个细节，一起荡舟湖上，一起在湖畔看云起云飞和日出日落，看山影塔影和巷弄祠庙；听风声树声和浪涛拍岸，听桥头闲谈和渔舟唱晚。

感谢在湖畔或路上或村庄里遇见的那一位位老人。

他们在向我讲述和湖有关的故事时，满怀深情；他们对于我的提问，不厌其烦；他们还热情地帮我引路，陪我一起寻找和确认地方志里记录过的重要历史遗迹。和他们聊天的时候，我会在他们苍老的面容和深邃的眼神里看见另一座湖泊，看见自己的故乡。

感谢那些与湖尤其是与东钱湖有关的文字，诗歌、散文、地方志或是其他文史资料、新闻报道和私人博客。那些文字，或优雅，或真挚，或翔实，或深情，让我在寂寥的时光里能够借助它们的启迪深入到一座湖的前世，深入到一座湖的灵魂里去。如果没有那些同样挚爱着湖、自然和故乡的作者，我就很难还原一座湖的历史，很难确认寻访的线索，无法收获深刻的领悟。

感谢宁波晚报社的李秀芹老师，给了我最初讲述东钱湖的故事的机会，书中的部分文字已经在她主持的三江月副刊发表过。

感谢宁波出版社的吴波编辑、徐飞编辑和沈建国编辑，他们耐心的指正让这本书渐渐有了样子。

感谢浙东文化学者戴光中先生、张如安先生、戴松岳先生和杜建海先生，他们严谨的学术修订建议让这本书减少了不少疏漏和错误。

感谢宁波出版社，给了这本书以最终出版的机会。

感谢所有亲人、恩师、长者和友人，你们无私的鼓励和支持，让我能够在喧嚣的尘世中安顿下自己的内心，从而得以静静地去寻访隐藏在历史和大地、诗歌和湖山深处的灵魂之乡。

所有这些，与这座深远的湖一样，都将成为一个人一辈子的感念和乡愁。

参考文献

01	(汉)司马迁著:《史记》。
02	(宋)《宝庆四明志》。
03	(宋)史浩著:《鄮峰真隐漫录》。
04	(元)《延祐四明志》。
05	(元)脱脱等撰:《宋史》,中华书局,1985年。
06	(明)《嘉靖宁波府志》。
07	(清)徐松辑:《宋会要辑稿》,上海古籍出版社,2014年。
08	(清)徐兆昺著:《四明谈助》,宁波出版社,2000年。
09	(清)《光绪鄞县志》。
10	(民国)张传保、陈训正、马瀛等修纂:《鄞县通志》。
11	(民国)王荣商总纂:《东钱湖志》。
12	仇国华编著:《新编东钱湖志》,宁波出版社,2014年。
13	戴光中、张如安、张全民著:《人文东钱湖——历代关联东钱湖名士名胜》,上海书店出版社,2009年。
14	戴光中、张如安著:《诗意东钱湖——历代吟诵东钱湖诗文欣赏》,上海书店出版社,2008年。
15	宁波市文化广电新闻出版局编:《甬上风物·宁波市非物质文化遗产田野调查·东钱湖旅游度假区》,宁波出版社,2010年。
16	傅璇琮主编:《宁波通史》,宁波出版社,2009年。

17	张如安著:《北宋宁波文化史》,海洋出版社,2009年。
18	《鄞州慈善志》编纂委员会编:《鄞州慈善志》,浙江人民出版社,2015年。
19	周时奋著:《话说鄞州》,浙江摄影出版社,2010年。
20	张如安、杜建海选注:《鄞州历代诗文选》,浙江古籍出版社,2008年。
21	张如安等著:《鄞县望族》,浙江古籍出版社,2009年。
22	陈利权编著:《鄞县佛教史纲》,浙江古籍出版社,2012年。
23	戴松岳著:《怅望千秋家国梦》,宁波出版社,2011年。
24	黄文杰著:《文·化宁波——宁波文化的空间变迁与历史表征》,浙江大学出版社,2015年。
25	史美露主编:《南宋四明史氏》,四川美术出版社,2006年。
26	[德]黑格尔著,朱光潜译:《美学》,商务印书馆,1996年。
27	[美]R.W.爱默生著,博凡译:《自然沉思录》,上海社会科学院出版社,1993年。
28	[日]德富芦花著,周平译:《自然与人生》,上海文化出版社,1998年。
29	[德]狄特富尔特、瓦尔特编,周美琪译:《哲人小语——人与自然》,生活·读书·新知三联书店,1993年。
30	[美]梭罗著,宋子仪译:《梭罗日记》,北京十月文艺出版社,2005年。
31	[美]亨利·戴维·梭罗著,方碧霞译:《寻找精神家园》,外语教学与研究出版社,2010年。
32	[美]亨利·戴维·梭罗著,徐迟译:《瓦尔登湖》,上海译文出版社,2004年。
33	[法]卢梭著,徐继曾译:《漫步遐想录》,人民文学出版社,1986年。
34	[印度]泰戈尔著,倪培耕编选:《泰戈尔集》,上海远东出版社,

1998年。

35 [英]华兹华斯著,柳鸣九主编:《华兹华斯诗选》,时代文艺出版社,2012年。

36 [德]M·海德格尔著,彭富春译:《诗·语言·思》,文化艺术出版社,1991年。

37 [美]约翰·巴勒斯著,川美译:《清新的原野》,安徽人民出版社,2012年。

38 (明)张岱著:《陶庵梦忆》,江苏古籍出版社,2000年。

39 (明)张岱著:《西湖梦寻》,江苏古籍出版社,2000年。

40 (宋)郭熙著:《林泉高致》,山东画报出版社,2010年。

41 宗白华著:《美学散步》,上海人民出版社,1981年。

42 高尔泰著:《美是自由的象征》,人民文学出版社,1986年。

43 李泽厚著:《美学四讲》,生活·读书·新知三联书店,1989年。

44 陈从周著:《陈从周园林随笔》,人民文学出版社,2008年。

45 刘小枫主编:《人类困境中的审美精神——哲人、诗人论美文选》,东方出版中心,1994年。

46 潘知常著:《诗与思的对话》,上海三联书店,1997年。

47 张法著:《中国美学史》,上海人民出版社,2000年。

48 吴琼著:《西方美学史》,上海人民出版社,2000年。

49 聂振斌、藤守尧、章建刚著:《艺术化生存——中西审美文化比较》,四川人民出版社,1997年。

50 阮庆岳著:《开门见山色:文学与建筑相问》,清华大学出版社,2006年。

51 童明、董豫赣、葛明编:《园林与建筑》,中国水利水电出版社、知识产权出版社,2009年。

52 许志平:《略论宋代长江流域水利事业的发展》,《池州师专学报》,2001年第4期。

53 孙金玲:《宋代的农田水利事业及启示》,《农业考古》,2013年第

1期。

54　张俊飞：《宋代对江南地区水利管理之探析》，《江南大学学报（人文社会科学版）》，2014年第4期。

55　林旻：《陈如馨：无所不役的宁波乡绅》，《东南商报》，2015年6月14日。

56　葛银水：《大对船时代》，《舟山晚报》，2009年8月9日。

57　俞保根、丁峰峰：《从渔港石碑，看人间真情》，沈家门港开港600周年庆典网，2009年10月29日。

58　南华、章鲁：《鄞州一村民痴情东钱湖越窑青瓷》，《宁波日报》，2015年11月22日。

59　涂师平：《井里汶　越窑魂——印尼井里汶沉船揭秘宁波"海上丝绸之路"》，《宁波通讯》，2011年第2期。

60　鲁峰、佟丽：《简论东钱湖郭童岙越窑青瓷纹饰的文化意蕴》，《美术大观》，2011年第5期。

61　李臻：《东钱湖畔高钱村钱姓是吴越国王钱镠后裔》，《东南商报》，2009年11月12日。

62　梅子满：《东钱湖殷湾村发现数座古建筑》，《宁波晚报》，2009年9月20日。

63　王文杰、郑学芳：《殷湾访古》，《宁波晚报》，2012年12月23日。

64　朱军备、翁芳频、祁珊：《韩岭：重塑"浙东第一古街"》，《宁波日报》，2016年3月30日。

65　谢振声：《中国第一位女西医金雅妹》，《人物》，2009年第4期。

66　郝静：《张时彻私宅园林及其文学活动探微》，《名作欣赏（中旬刊）》，2014年第8期。

67　朱汉民：《南宋书院的学祠与学统》，《湖南大学学报（社会科学版）》，2015年第2期。

68　申万里：《元代庆元路书院考》，《南京晓庄学院学报》，2007年第5期。

69	李良品:《试论元代书院的特征》,《黑龙江民族丛刊》,2005年第1期。
70	白宪波:《中国古代墓葬制度漫谈》,《南方论刊》,2016年第2期。
71	吕斌、单德林:《浅析东钱湖南宋石刻的艺术特点》,《南京艺术学院学报》,2008年第6期。
72	黎科:《浅析宁波东钱湖南宋石刻的艺术特色》,《芒种(下半月刊)》,2013年第10期。
73	金皓:《宁波东钱湖南宋石刻的结饰初探》,《浙江工商职业技术学院学报》,2013年第2期。
74	袁颖:《宁波东钱湖南宋佛教文化遗产及其可持续性利用》,《宁波党校学报》,2007年第2期。
75	仇国华:《六朝古刹东钱湖大慈寺》,《浙江佛教》,2003年第3期。
76	韦祖庆、古贤明:《祠堂文化审美意识形态分析》,《广西社会科学》,2013年第1期。